KB140782

지니어스키트로 배우는 마이크로비트

지니어스키트로 배우는 **마이크로비트**

© 2019. 아이씨뱅큐 All Rights Reserved.

1쇄 발행 2019년 9월 5일
5쇄 발행 2025년 1월 2일

지은이 아이씨뱅큐
펴낸이 장성두
펴낸곳 주식회사 제이펍

출판신고 2009년 11월 10일 제406-2009-000087호
주소 경기도 파주시 회동길 159 3층 / **전화** 070-8201-9010 / **팩스** 02-6280-0405
홈페이지 www.jpub.kr / **원고투고** submit@jpub.kr / **독자문의** help@jpub.kr / **교재문의** textbook@jpub.kr

소통기획부 김정준, 이상복, 안수정, 박재인, 송영화, 김은미, 배인혜, 권유라, 나준섭
소통지원부 민지환, 이승환, 김정미, 서세원 / **디자인부** 이민숙, 최병찬

진행 및 교정·교열 이 슬 / **내지디자인** 디자인86 / **표지디자인** 미디어픽스
용지 타라유통 / **인쇄** 한길프린테크 / **제본** 일진제책사

ISBN 979-11-88621-51-4 (63000)
책값은 뒤표지에 있습니다.

※ 이 책은 저작권법에 따라 보호를 받는 저작물이므로 무단 전재와 무단 복제를 금지하며,
　　이 책 내용의 전부 또는 일부를 이용하려면 반드시 저작권자와 제이펍의 서면 동의를 받아야 합니다.
※ 잘못된 책은 구입하신 서점에서 바꾸어 드립니다.

제이펍은 여러분의 아이디어와 원고를 기다리고 있습니다. 책으로 펴내고자 하는 아이디어나 원고가 있는 분께서는
책의 간단한 개요와 차례, 구성과 지은이/옮긴이 약력 등을 메일(submit@jpub.kr)로 보내주세요.

지니어스키트로 배우는 마이크로비트

아이씨뱅큐 지음

제이펍

| 드리는 말씀 |

- 마이크로비트 코딩 환경(https://makecode.microbit.org/)은 독자의 학습 시점에 따라 책의 내용과 다를 수 있습니다.

- 이 책에서 다루는 프로젝트의 예제 코드와 동영상 자료는 다음 사이트에서 다운로드할 수 있습니다.
  - 예제 코드와 동영상 자료: http://cafe.naver.com/bbcmicro

- 이 책에서 다루는 '지니어스키트'는 다음 사이트에서 구매할 수 있습니다. 다만, 몇몇 프로젝트는 좀 더 다양한 내용을 다루기 위해 지니어스키트에 포함되지 않은 부품을 사용합니다. 해당 부품들 역시 아래 구매처에서 별도로 구매할 수 있습니다.
  - 지니어스키트 구매처: https://www.icbanq.com/

- 책의 내용과 관련된 문의사항은 지은이 혹은 출판사로 연락주시기 바랍니다.
  - 지은이: http://cafe.naver.com/bbcmicro
  - 출판사: help@jpub.kr

차례

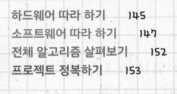

추천의 말

"어떻게 하면 더 쉽고 간단하게 코딩을 배울 수 있을까요? 요즘 학교 선생님과 방과 후 교사, 학생, 학부모들은 모두 이런 고민을 안고 있습니다. 이 고민에는 마이크로비트를 활용해 보라는 말씀을 드리고 싶습니다. 특히 작년에《코딩 교육을 위한 마이크로비트》출간한 이후 마이크로비트를 더욱더 깊이 활용할 수 있도록 구성한 20개의 예제와 함께라면, 코딩에 대한 재미는 물론 논리적인 사고까지 자연스레 배울 수 있을 것입니다."

— 전 세계 마이크로비트 독점 제조(및 유통) 회사, 엘리먼트14 **정재철** 한국지사장

"지니어스키트는 코딩을 함에 있어 가장 기본적으로 필요한 모듈들로 이루어져 있습니다. 가장 베이직한 이 키트를 활용한다면, 마이크로비트 초보자라도 쉽게 작품을 만들 수 있을 것입니다. 더욱이, 이 책에서 소개하는 간단한 블록 코딩을 따라 하는 것만으로도 아이들은 코딩을 시작하고, 배울 수 있습니다."

— Elecfreaks **Youmance** 대표

"매년 메이커 페어의 규모는 점점 커지고 있습니다. 그만큼 다양한 플랫폼에 대한 고민이 많아지고 있는데, 이 책이 그 고민을 해결해 줄 수 있을 것 같습니다. 특히나 예제 중심의 프로젝트는 메이커 꿈나무들이 더 쉽고 빠르게 코딩을 배우도록 안내해 줍니다. 누구나 메이커가 될 수 있도록 도와주는 마이크로비트, 그리고 지니어스키트를 활용하여 상상을 현실로 만드는 코딩을 즐겨보세요!"

— 메이크존 **장선연** 대표

"마이크로비트 키트 중 가장 범용적인 지니어스키트를 사용한 흥미로운 과제가 가득한 책이기에 학생은 물론 코딩 교사/강사분에게 다양한 영감을 제공할 것으로 생각합니다. 또한, 필진이 운영하는 마이크로비트 카페를 통해 예제 코드와 다양한 동영상 자료를 제공함은 물론, 질문과 답변을 주고받는 독자와의 유익한 소통 창구 역할을 해줄 것이라 믿어 의심치 않습니다."

— '마이크로비트 한국 공식 사용자 모임' 카페(https://cafe.naver.com/bbcmicro) 운영자 **앤서니** 님

"코딩 입문용으로 배우기 쉬운 마이크로비트와 지니어스키트! 단순한 교육에서 벗어나 손바닥보다 작은 고성능의 마이크로컨트롤러를 바탕으로 다양한 작품들을 제작할 수 있습니다. 마이크로비트를 어떻게 배워야 할지 모르겠다면, 이 책을 따라 해보길 추천합니다."

— 심프팀 **심프** 님

머리말

"코딩? 이제는 가지고 놀자!"

그동안 여러분은 '코딩'을 조금은 낯설고 어렵게 느꼈을 겁니다. 어쩌면 코딩이 나와는 상관없이 전문 프로그래머가 될 사람에게만 해당하는 이야기라고 생각했을 수도 있습니다. 그러나 이제는 다릅니다. 지나가는 초등학생에게 '코딩'을 물어도 "저 스크래치 할 줄 알아요!"라는 대답이 돌아오는 시대입니다. 그만큼이나 코딩의 중요성은 날이 갈수록 커지고 있습니다.

더욱이 2018년부터 순차적으로 코딩 교육 의무화를 시작하여 초등학교와 중학교에서 이미 교육이 이루어지고 있습니다. 이에 발맞추어 다양한 교구와 교재가 많이 나오고 있는데요. 그중 가장 뜨거운 관심을 받고 있는 하드웨어가 바로 '마이크로비트(micro:bit)'입니다.

마이크로비트는 영국 BBC가 학생과 교사들이 프로그래밍을 누구보다 쉽게 배울 수 있도록 설계한 포켓 사이즈의 마이크로컨트롤러입니다. 손바닥보다 작은 크기이지만, 나침반, 블루투스, LED, 가속도계 등 다양한 센서가 내장되어 있어 '초소형 컴퓨터'라고 할 수 있습니다.

이 책에서는 이러한 마이크로비트를 가지고 20가지의 재밌는 프로젝트를 만들면서 '블록 코딩'을 학습할 수 있습니다. 또한, 이 책의 교구로 사용하는 '지니어스키트'는 마이크로비트를 다양하게 활용할 수 있도록 도와줍니다. 작년에 나온 《코딩 교육을 위한 마이크로비트》에서 마이크로비트를 간단하게 활용하는 방법에 대해 알아보았다면, 이번에는 이 교구를 사용하여 더욱더 새롭고 다양한 완성도 높은 예제를 담았습니다.

이 책은 마이크로비트나 블록 코딩을 처음 접하는 분도 쉽게 배울 수 있도록 따라 하기 방식으로 구성하였습니다. 그러므로 관련 분야의 지식이 없는 학부모님도 자녀와 함께 책을 보며 쉽게 따라 할 수 있으며, 현장에서 코딩 교육을 하는 선생님도 마이크로비트나 블록 코딩을 가르치는 데 좋은 지침으로 사용할 수 있습니다. 또한, 이 책의 모든 프로젝트에 대한 동영상 자료를 제공하므로 혼자 공부하는 어린이 독자도 이 책을 충분히 소화할 수 있습니다.

그리고 이 책에 담겨 있는 20개의 프로젝트를 모두 따라 해보고 나면 '내가 할 수 있을까?'가 아니라 '나도 할 수 있구나!'라고 생각하게 될 것입니다. 이 책과 마이크로비트가 여러분의 코딩에 대한 열정과 창의적인 아이디어를 맘껏 펼치는 데 조금이나마 도움이 되었으면 좋겠습니다.

끝으로, 두 번째 마이크로비트 책을 집필하는 데 많은 격려를 해주신 김종우 사장님과 이성민 대표님, 마이크로비트 활성화를 위해 애써주신 엘리먼트14 한국지사 정재철 지사장님과 지니어스키트를 함께 제작할 수 있게 해주신 Elecfreaks에 감사의 마음을 전합니다. 또한, 책을 써보자는 제안에 선뜻 응해 주고, 각자 맡은 부분을 잘 마무리해 준 팀원들(한지성, 심은주, 이동준, 채희재, 서은파, 석기환, 김용재, 윤서준)께도 감사를 전합니다. 덕분에 이 책이 잘 출간될 수 있었습니다.

《코딩 교육을 위한 마이크로비트》 이후 또 하나의 책을 출간하고 싶다는 의견에 긍정적인 반응을 주신 장성두 대표님과 책이 나올 수 있도록 편집에 힘써주신 이슬 과장님께 감사드립니다.

아이씨뱅큐 마케팅엔지니어팀

"이제 나도 메이커!"

차근차근 따라 하다 보면 누구든지 할 수 있습니다!
책을 읽는 모든 분이
'나도 메이커'가 되기를 바랍니다"

이 책에 대하여

독자 여러분, 안녕하세요! 《코딩 교육을 위한 마이크로비트》에 이어 또 만나뵙게 되었네요. 이번 책에서는 손바닥보다 작은 미니 컴퓨터 '마이크로비트'를 더욱더 깊이 알아보기 위해 '지니어스키트'라는 교구를 사용합니다. 마이크로비트의 능력을 업그레이드해 주는 이 키트를 사용하여 마이크로비트와 블록 코딩을 배워볼까요?

본격적으로 마이크로비트와 지니어스키트를 만나보기 전에 어떻게 하면 이 책을 잘 활용할 수 있을지 알아보겠습니다.

이 책의 구성

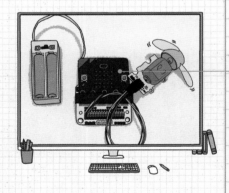

프로젝트 이름

따라 해볼 프로젝트 이름을 소개합니다.

수준

이 프로젝트의 난이도를 보여줍니다.

완성된 모습

프로젝트가 완성된 모습을 간단한 일러스트 그림으로 보여줍니다. 프로젝트의 이해를 돕기 위한 그림이므로 실제 완성된 모습과 다를 수 있습니다.

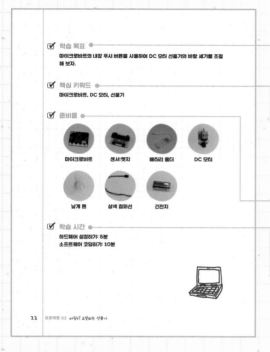

학습 목표

이 프로젝트에서 배울 내용을 설명합니다.

핵심 키워드

이 프로젝트에서 다룰 중요 단어를 알려줍니다.

준비물

이 프로젝트를 배우는 데 필요한 준비물을 알려줍니다.

학습 시간

프로젝트를 완성하는 데 걸리는 시간을 알려줍니다.

하드웨어 따라 하기

소프트웨어 코딩을 하기 전에 꼭 필요한 하드웨어 만드는 방법을 설명합니다.

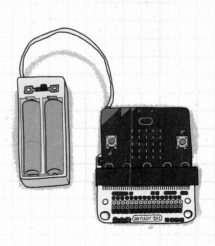

소프트웨어 따라 하기

1. 마이크로비트 블록 코딩 에디터를 실행해 주세요. 여기서는 시작하면 실행 블록과 무한반복 실행 블록을 사용하지 않으므로 두 블록을 삭제해 주세요.

tip 모든 블록을 한꺼번에 삭제하려면 에디터 화면에서 마우스 오른쪽 버튼을 눌러 '모든 블록 삭제'를 선택합니다.

2. 일반적인 선풍기처럼 버튼으로 바람의 세기를 조절하기 위해 입력 꾸러미에서 'A'를 누르면 실행 블록을 가져와 팔레트에 추가해 주세요. 우리는 마이크로비트 내장 부저 버튼 A와 B를 모두 사용할 거예요. 먼저, 버튼 A를 눌렀을 때 실행할 동작을 코딩해 보겠습니다.

소프트웨어 따라 하기 **25**

이 코드는 버튼 A를 누르면 모터의 속도가 400으로 회전하면서 선풍기의 미풍을 의미하는 '작은 바람모' 아이콘을 출력합니다. 버튼 B를 누르면 모터의 속도가 1023의 속도로 회전하면서 선풍기의 강풍을 의미하는 '큰 바람모' 아이콘을 출력합니다. 마지막으로, A+B의 버튼을 누르면 모터가 정지하면서 선풍기의 멈춤을 의미하는 'X' 아이콘을 출력합니다.

28 프로젝트 02 바람이 조절되는 선풍기

소프트웨어 따라 하기

블록 코딩을 통해 프로젝트를 완성하는 단계입니다. 혼자서도 공부할 수 있도록 한 단계 한 단계 자세하게 설명합니다.

tip

코딩할 때 알아두면 좋은 노하우나 참고사항을 알려줍니다.

전체 알고리즘 살펴보기

전체 코드를 한눈에 보여줍니다. 각 블록이 어떤 기능으로 사용되었는지 다시 한번 정리합니다.

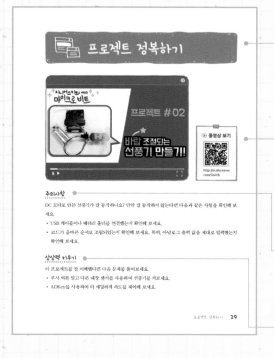

프로젝트 정복하기

완성된 프로젝트 사진을 보면서 실제로 마이크로비트가 동작하는 모습을 확인해 봅니다.

동영상 보기

하드웨어를 만드는 모습과 소프트웨어를 코딩하는 모습을 동영상으로 볼 수 있습니다. 책만 보고 혼자 따라 하기 어렵다면 동영상을 보고 따라 해 보세요.

주의사항

완성된 프로젝트가 잘 동작하지 않는다면 이 부분을 확인해 보세요.

상상력 키우기

이 프로젝트에서 배운 내용을 조금 더 응용해 보려면 이 문제를 풀어보세요.

앞으로 우리는 이러한 구성으로 마이크로비트와 지니어스키트에 대해 알아보고, 블록 코딩을 공부할 거예요! 마이크로비트를 사용하다가 어려움이 느껴지면, 언제든지 마이크로비트 카페(https://cafe.naver.com/bbcmicro)로 찾아와 질문해 주세요! 언제나 여러분에게 좋은 정보를 제공하도록 노력하겠습니다. 여러분이 이 책을 통해 마이크로비트와 지니어스키트에 대해 더욱 잘 이해할 수 있게 되기를 진심으로 기원합니다. 감사합니다.

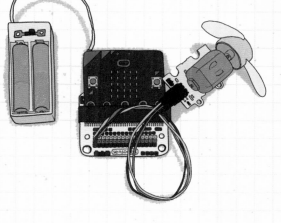

마이크로비트와
지니어스키트

수준

☑ 학습 목표

초소형 코딩 컴퓨터 '마이크로비트'가 무엇인지 알아보고, 이 책에서 사용할 소프트웨어에 대해 알아보자. 또한, 이 책의 주요 재료인 지니어스키트에 관해서도 살펴보자.

☑ 핵심 키워드

마이크로비트, 지니어스키트

☑ 준비물

마이크로비트   지니어스키트

안녕하세요, 여러분! 저희가 다시 돌아왔습니다. 앞으로 우리는 마이크로비트를 열심히 공부할 거예요! 그런데 이번에는 조금 특별한 키트와 함께 공부할 예정입니다. 바로, **지니어스키트**인데요! 키트를 설명하기에 앞서, 마이크로비트에 대해 알아보도록 하겠습니다.

마이크로비트는 영국 방송사 BBC가 학생과 교사들을 위해 프로그래밍하는 방법을 배우도록 설계한 MCU입니다. 여기서 MCU는 '미니 컴퓨터'라고 생각하면 쉬워요.

마이크로비트는 신용카드보다 작은 미니 보드로, 간단하게 디지털 게임도 할 수 있고, 더 응용해서는 로봇까지 만들어볼 수 있는 엄청난 보드입니다. 쉽게 코딩할 수 있으면서도 그 응용 분야가 넓다는 것이 가장 큰 장점이에요.

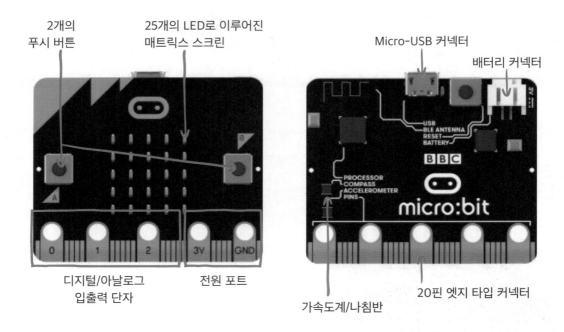

2개의
푸시 버튼

25개의 LED로 이루어진
매트릭스 스크린

Micro-USB 커넥터

배터리 커넥터

디지털/아날로그
입출력 단자

전원 포트

가속도계/나침반

20핀 엣지 타입 커넥터

앞면에는 5×5의 LED 매트릭스와 2개의 푸시 버튼, 그리고 디지털/아날로그 입출력 단자와 함께 전원
포트가 있습니다.

LED 매트릭스는 마이크로비트가 디스플레이로 사용하는 부분입니다. 총 25개의 LED가 장착되어
있어 마이크로비트의 표정을 나타낼 수 있고, 글자나 아이콘 같은 텍스트도 표현할 수 있습니다.

2개의 푸시 버튼은 마이크로비트 자체에 붙어 있는 버튼으로, 총 3개의 명령을 수행할 수 있습니다.
버튼을 눌렀을 때 어떠한 동작을 하도록 명령을 내릴 수 있어요.

디지털/아날로그 입출력 단자는 마이크로비트에서 들어오고 나가는 다양한 디지털/아날로그 신호
를 받거나 넘겨주는 역할을 합니다.

뒷면에는 20핀 엣지 타입 커넥터와 Micro-USB 커넥터, 배터리 커넥터, 그리고 가속도계와 나침반이
있습니다.

20핀 엣지 타입 커넥터는 마이크로비트를 카드처럼 삽입하여 사용할 수 있도록 도와주는 커넥터입
니다.

그리고 **Micro-USB 커넥터**를 이용해 마이크로비트에 전원을 공급하거나, 블록 코딩으로 만든 프로그램 소스를 전송할 수 있어요. Micro-USB 타입은 우리가 흔히 사용하는 스마트폰 충전기(마이크로 5핀 케이블)와 같아서 쉽게 사용할 수 있어요.

배터리 커넥터는 전원을 공급할 때 USB 형식이 아닌 일반적인 배터리를 사용할 수 있도록 해줍니다. 마이크로비트를 휴대할 때 자주 사용합니다.

또한, 마이크로비트에는 **가속도계**와 **나침반**이 내장되어 있어 지구의 자성을 이용해 마이크로비트의 기울임 정도나 동서남북 같은 방위를 알 수 있어요.

마이크로비트 버전 2부터는 다음과 같이 추가된 하드웨어가 있습니다.

마이크는 소리를 인식할 수 있게 해 주고, **스피커**는 반대로 소리를 발생시켜 줍니다. 그리고 **터치로고**는 가벼운 손가락 터치를 인식하는 센서 같은 것입니다.

자, 마이크로비트의 외관과 내장된 센서들을 어느 정도 이해했나요? 그럼 이제 마이크로비트에서 사용하는 프로그램을 알아보겠습니다.

소프트웨어 따라 하기

I. 우선, 마이크로비트 사이트(https://microbit.org/)에 접속합니다.

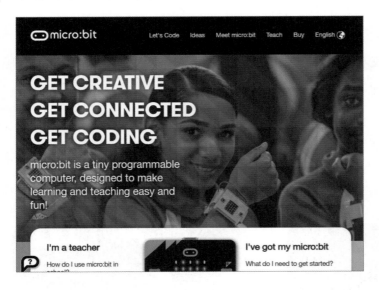

2. 오른쪽 상단의 'English'를 '한국어'로 변경합니다. 그러면 메뉴가 한글로 변한답니다.

3. 이제 상단 메뉴에 있는 '코드 만들기'를 눌러주세요.

4. 그러면 'MakeCode 편집기'와 '파이선(Python) 편집기'가 보일 텐데요. 이 책에서는 MakeCode 편집기를 사용할 것이므로 MakeCode 편집기에 있는 '프로그램 만들기' 버튼을 누릅니다.

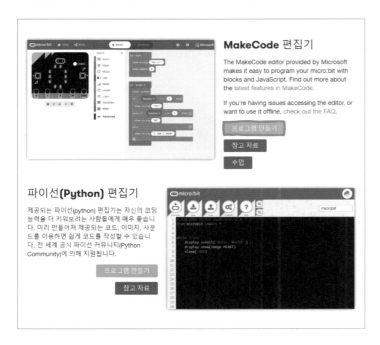

5. '새 프로젝트'를 눌러 다음과 같은 페이지가 보이면 프로그래밍 준비 완료입니다.

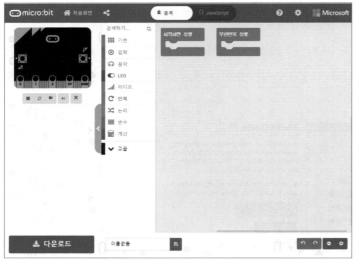

이제 마이크로비트를 사용할 준비가 모두 끝났습니다! 자유롭게 블록을 사용하여 프로그램을
만들 수 있습니다.

지니어스키트 알아보기

지니어스키트는 영국의 BBC 마이크로비트를 기반으로 한 키트입니다. 앞에서 말한 마이크로비트를 다양하게 활용하기 위하여 만들어진 키트라고 할 수 있습니다.

이 키트에는 12개의 다양한 센서와 1개의 확장 보드가 들어 있어 이를 이용하여 다양한 DIY 프로젝트와 로봇공학 등 창의력이 요구되는 모든 분야에서 누구나 쉽게 사용할 수 있습니다. 자, 그럼 키트 안에 어떤 것이 들어있는지 알아볼까요?

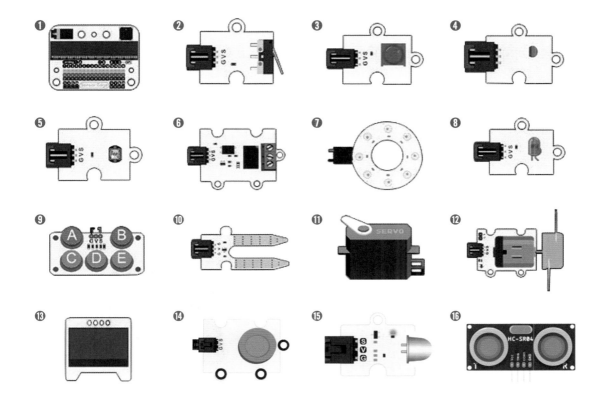

우선, 마이크로비트와 연결해서 사용할 수 있는 확장 보드가 들어 있어요. 이 보드의 이름은 **센서:엣지(Sensor:edge)(❶)**입니다. 그리고 센서:엣지에 연결해서 사용할 수 있는 다양한 센서들이 있습니다. 우선, 충돌을 감지할 수 있는 **충돌 센서(❷)**, 저항 값을 자유롭게 조정할 수 있는 **가변저항(❸)**, 현재 온도를 알 수 있는 **온도 센서(❹)**, 광량을 측정할 수 있는 **아날로그 광센서(❺)**, 전기적 신호로 접점을 제어할 수 있는 **릴레이(❻)**, 토양의 습도를 확인할 수 있는 **토양 습도 센서(❿)**가 들어 있습니다.

또한, LED 모듈이 두 종류 들어 있는데, 원형 모양으로 반짝반짝 빛이 나는 **레인보우 LED 링(❼)**과 붉은색 **LED(❽)**가 들어 있습니다. 모터 역시 **서보 모터(⓫)**와 **DC 모터(⓬)** 두 가지가 들어 있습니다.

그리고 마이크로비트의 활용도를 높일 수 있는 구성품도 들어있어요. 키패드로 사용할 수 있는 **ADKey(❾)**와 디스플레이 장치인 **OLED(⓭)**, 가스를 측정할 수 있는 **가스 센서(⓮)**, 사람을 감지하는 **PIR 센서(⓯)**, 거리를 잴 수 있는 **초음파 센서(⓰)**, 그리고 점퍼선이나 배터리 홀더, USB 케이블 같은 부속품까지 들어 있어 키트 하나만으로도 굉장히 많은 프로젝트를 만들 수 있습니다.

이제 지니어스키트로 다양한 프로젝트를 만들 준비가 끝났습니다. 본격적으로 프로젝트를 시작함에 앞서 이 키트를 가지고 어떤 작품을 만들 수 있을지 미리 생각해 보세요!

주의사항

마이크로비트가 V1에서 V2로 바뀌면서 하드웨어적인 변화가 생겼습니다. 특히 외부 전자부품과 연결해서 작동될 때 전류량에 제한이 있기 때문에 전류를 많이 필요로 하는 서보 모터, DC 모터, LCD 등의 전자부품을 마이크로비트와 함께 쓸 때 원하는 대로 작동이 잘 안 될 수도 있습니다. 그럴 경우 오른쪽 그림과 같이 센서:에지의 외부전력을 USB 케이블로 연결해주시면 작동이 잘 됩니다. (USB 케이블은 마이크로비트의 코드 업로드에 사용했던 것을 사용하시면 됩니다.)

나는야 해바라기

수준

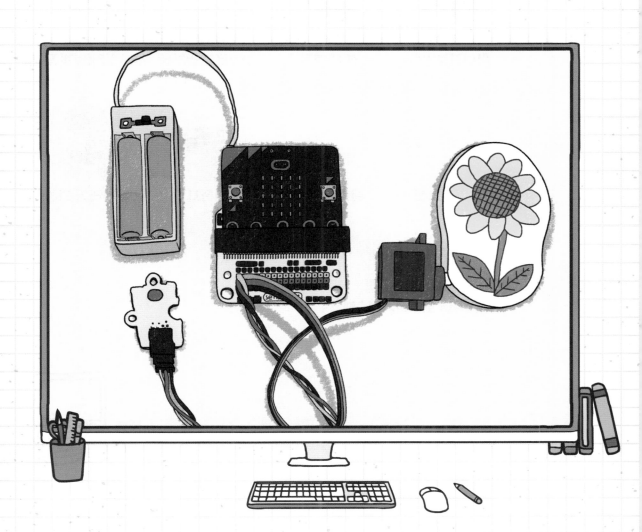

☑ **학습 목표**

마이크로비트를 이용해서 햇빛을 받으면 살아나는 해바라기처럼 빛을 감지하는
광센서와 서보 모터를 이용해서 해바라기를 피어나게 해보자.

☑ **핵심 키워드**

마이크로비트, 광센서, 서보 모터

☑ **준비물**

마이크로비트　　　　센서:엣지　　　아날로그 광센서　　서보 모터(날개 포함)

삼색 점퍼선　　　　배터리 홀더　　　　건전지　　　해바라기 그림

☑ **학습 시간**

하드웨어 설정하기: 5분
소프트웨어 코딩하기: 10분

하드웨어 따라 하기

먼저, 하드웨어의 조립 순서도를 알아볼까요?

센서:엣지 연결하기	→	아날로그 광센서 연결하기	→	서보 모터 연결하기

1. 먼저, 센서:엣지 윗부분에 있는 검정색 홈에 마이크로비트를 꽂아주세요.

2. 마이크로비트에 배터리 홀더를 연결해 주세요.

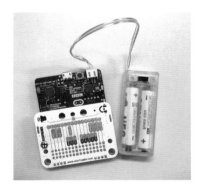

3. 센서:엣지 1번 핀에 삼색 점퍼선을 이용해 아날로그 광센서를 연결해 주세요.

4. 센서:엣지 2번 핀에 서보 모터를 연결해 주세요.

5. 해바라기 그림이나 사진을 서보 모터의 흰색 날개에 붙여 다음 그림과 같이 완성해 보세요.

하드웨어가 완성되었습니다. 이제, 소프트웨어를 코딩해 볼까요?

1. 마이크로비트 블록 코딩 에디터를 실행해 보세요. **시작하면 실행** 블록과 **무한반복 실행** 블록이 보이죠? 여기서는 **시작하면 실행** 블록은 사용하지 않으므로 이 블록을 삭제해 주세요.

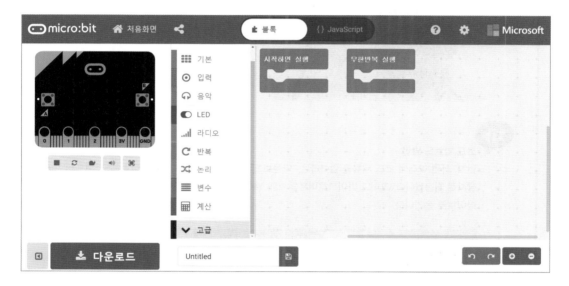

tip

마이크로비트 사이트의 코딩 에디터를 실행하면 시작하면 실행 블록과 무한반복 실행 블록이 기본으로 나타납니다. 블록을 삭제하려면 해당 블록 위에서 마우스 우클릭하고 '블록 삭제'를 선택합니다.

2. 먼저, 아날로그 광센서를 사용하여 현재 조도 값을 확인하는 코딩을 해보겠습니다. **기본** 꾸러미에서 **수 출력 '0'** 블록을 가져와 주세요. 그리고 **고급-핀** 꾸러미에서 **'P0'의 아날로그 입력 값** 블록을 가져와 출력 부분에 추가해 주세요. 핀 번호는 직접 배선한 핀 번호에 맞게 바꿔주세요. 여기서는 'P1'에 배선했기 때문에 'P0'를 'P1'으로 변경했습니다.

3. 그리고 **2**의 코딩을 마이크로비트에 업로드한 후 핸드폰 손전등을 사용하여 밝고 어두울 때의 아날로그 광센서 값을 확인해 보세요. 손전등을 비췄을 때의 값, 즉 밝을 때의 값을 기억해 주세요. 이 값은 광센서를 사용하는 장소마다 다를 수 있으니 꼭 먼저 테스트를 해주어야 해요.

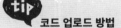
코드 업로드 방법
먼저, 화면 아래에 코드 제목을 입력하고, '다운로드' 버튼을 눌러 컴퓨터에 저장하세요. 코드는 '.hex'라는 확장자로 저장됩니다. 그리고 마이크로비트를 USB 케이블로 컴퓨터에 연결한 후, 저장된 파일을 MICROBIT 드라이브로 옮깁니다.

4. 처음 화면으로 돌아가 '새 프로젝트'를 누른 뒤, **시작하면 실행** 블록을 삭제합니다. 그리고 광센서 값을 저장하기 위해 **변수** 꾸러미의 **변수 만들기**를 통해 변수를 만들어주세요. 여기서는 '밝기'라는 이름으로 만들었어요. 이제 **변수** 꾸러미에서 **'밝기'에 '0' 저장** 블록을 가져와주세요.

5. **핀** 꾸러미에서 **'P0'의 아날로그 입력 값** 블록을 가져와 주세요. 그리고 광센서를 센서:엣지 핀 1번에 배선했으므로 핀 번호를 'P1'으로 바꿔줍니다.

6. **논리** 꾸러미에서 **만약(if) '참(true)'이면(then) 실행 / 아니면(else) 실행** 블록과 **'0' '<' '0'** 블록을 가져오세요. 그리고 **5**에서 저장한 '밝기' 변수 블록도 가져오세요. 밝기 값의 범위는 **3**에서 테스트한 손전등을 비췄을 때의 값으로 설정해 주세요. 여기서는 '800'으로 설정했습니다.

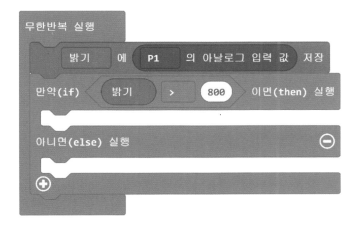

7. 해바라기가 빛을 좋아하듯이 이번 프로젝트에서도 빛을 비추면 해바라기가 '활짝' 피어나는 것처럼 보이도록 서보 모터 각도를 올리는 코딩을 해보겠습니다. **핀** 꾸러미에서 **'P0'에 서보 값 '180' 출력** 블록을 가져와 'P0'를 'P2'로 변경하고, 서보 값(서보 모터 각도)을 45로 변경해 주세요. 그리고 **기본** 꾸러미의 **아이콘 출력** 블록을 가져와 '웃는 얼굴'로 설정해 주세요.

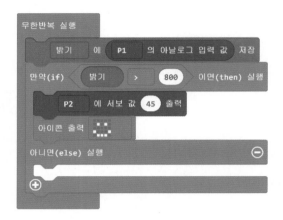

8. 손전등을 비추지 않아 빛이 줄어들었을 땐 서보 모터의 각도를 0으로 바꾸도록 해보겠습니다. **핀** 꾸러미에서 **'P0'에 서보 값 '180' 출력** 블록을 가져와 핀 번호를 'P2'로 바꾸고, **기본** 꾸러미에서 **아이콘 출력** 블록을 사용하여 '찡그린 얼굴'로 설정해 주세요.

자, 이제 소프트웨어 코딩을 마쳤습니다. 이 코드를 마이크로비트에 업로드하여 테스트해 보세요.

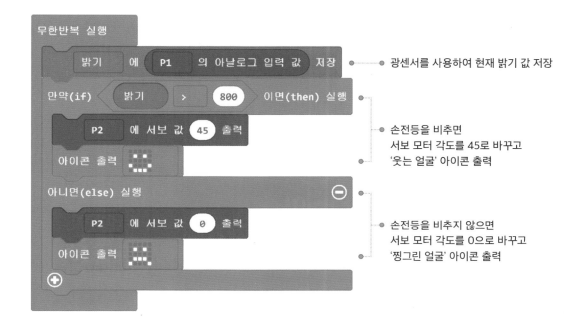

이 코드는 **무한반복 실행** 블록에 **'밝기'에 'P1'의 아날로그 입력 값 저장** 블록을 통해 광센서의 밝기를 저장하고 **만약(if) '참(true)'이면(then) 실행 / 아니면(else) 실행** 블록을 통해 밝기 값이 800 초과일 때, 즉 밝기가 밝을 때 웃는 얼굴이 표시되면서 해바라기 그림이 붙어 있는 서보 모터의 날개가 45도 회전해 해바라기가 피어나는 듯한 표현을 할 수 있습니다. 반면에 광센서의 밝기 값이 800 미만이면 서보 모터의 날개가 0도로 회전해 해바라기가 지는 듯한 표현을 할 수 있습니다.

프로젝트 정복하기

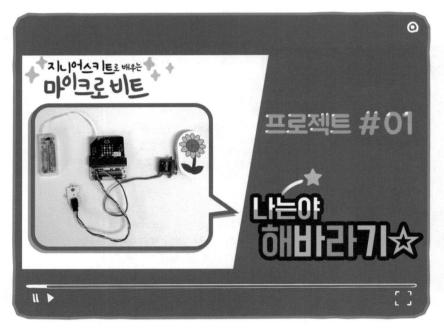

▶ 동영상 보기

http://m.site.naver.com/0targ

주의사항

마이크로비트와 서보 모터가 잘 동작하나요? 만약 잘 동작하지 않는다면 다음과 같은 사항을 확인해 보세요.

- USB 케이블이나 배터리 홀더를 연결했는지 확인해 보세요.
- 코드가 올바른 순서로 조립되었는지 확인해 보세요. 특히, 밝기 값과 서보 값을 제대로 입력했는지 확인해 보세요.
- 배선한 핀 번호와 코딩 속 핀 설정이 같은지 확인해 보세요.

상상력 키우기

이 프로젝트를 잘 이해했다면 다음 문제를 풀어보세요.

- 아날로그 광센서 값을 여러 개로 나누어 그에 따른 서보 모터의 각도를 조절해 보세요.
- 서모모터의 각도 제어 속도를 느리게 조절해 보세요.

바람이 조절되는 선풍기

수준 ★☆☆☆☆

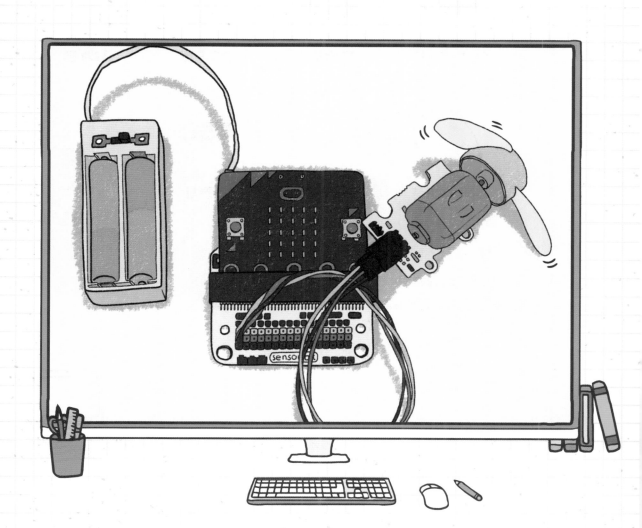

✓ 학습 목표

마이크로비트의 내장 푸시 버튼을 사용하여 DC 모터 선풍기의 바람 세기를 조절해 보자.

✓ 핵심 키워드

마이크로비트, DC 모터, 선풍기

✓ 준비물

마이크로비트

센서:엣지

DC 모터

날개 팬

삼색 점퍼선

배터리 홀더

건전지

✓ 학습 시간

하드웨어 설정하기: 5분
소프트웨어 코딩하기: 10분

하드웨어 따라 하기

먼저, 하드웨어의 조립 순서도를 알아볼까요?

1. 센서:엣지와 마이크로비트를 연결합니다.

2. 마이크로비트에 배터리 홀더를 연결해 주세요.

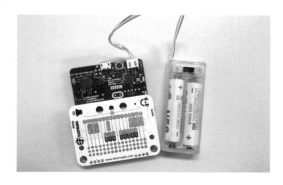

3. 센서:엣지의 1번 핀에 삼색 점퍼선을 이용하여 DC 모터를 연결합니다.

4. 마지막으로 DC 모터에 날개 팬을 꽂아주세요.

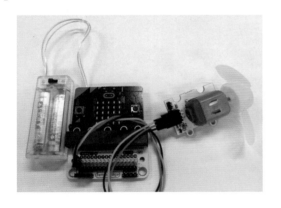

5. DC 모터가 원활하게 작동되지 않거나 마이크로비트 V2를 사용할 경우 아래와 같이 5핀 USB 케이블을 센서:엣지 외부 전원에 연결해 주어야 DC 모터가 잘 돌아가게 됩니다. (마이크로비트 코드 업로드에 사용하던 USB 케이블을 센서:엣지 외부 전원에 그대로 사용해도 됩니다.)

하드웨어가 완성되었습니다. 이제, 소프트웨어를 코딩해 볼까요?

소프트웨어 따라 하기

1. 마이크로비트 블록 코딩 에디터를 실행해 주세요. 여기서는 **시작하면 실행** 블록과 **무한반복 실행** 블록을 사용하지 않으므로 두 블록을 삭제해 주세요.

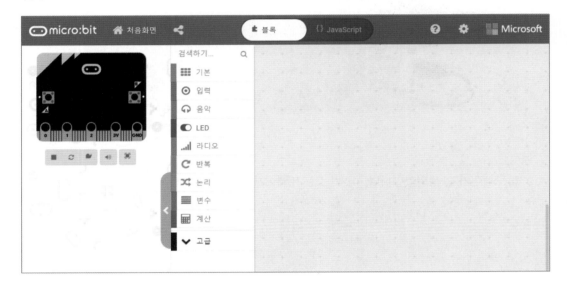

> **tip**
> 모든 블록을 한꺼번에 삭제하려면 에디터 화면에서 마우스 오른쪽 버튼을 눌러 '모든 블록 삭제'를 선택합니다.

2. 일반적인 선풍기처럼 버튼으로 바람의 세기를 조절하기 위해 **입력** 꾸러미에서 **'A'를 누르면 실행** 블록을 가져와 팔레트에 추가해 주세요. 우리는 마이크로비트 내장 푸시 버튼 A와 B를 모두 사용할 거예요. 먼저, 버튼 A를 눌렀을 때 실행할 동작을 코딩해 보겠습니다.

3. **고급-핀** 꾸러미에서 **'P0'에 아날로그 값 '1023' 출력** 블록을 가져와 추가해 주세요. 그리고 'P0'를 DC 모터가 연결되어 있는 'P1'로 변경하고, 출력 값을 '1023'이 아닌 '400'으로 변경해 주세요. 이 값이 너무 작다면 DC 모터가 구동되지 않으니 적절한 수치로 변경해야 합니다.

4. **기본** 꾸러미의 **아이콘 출력** 블록을 사용하여 버튼 A를 눌렀을 때 마이크로비트 디스플레이에 아이콘을 출력해 보겠습니다. 여기서는 선풍기의 풍속을 나타낼 수 있는 아이콘 모양을 선택했습니다.

5. 이제는 버튼 B를 눌렀을 때의 코딩을 해보겠습니다. 버튼 A를 코딩했을 때와 같은 방법이지만 아날로그 출력 블록의 출력 값을 '400'에서 '1023'의 최댓값으로 설정했습니다. 이렇게 하면 DC 모터를 제일 빠른 속도로 구동할 수 있습니다. 마찬가지로 선풍기의 '강한' 풍속을 나타낼 수 있는 아이콘을 출력하도록 **아이콘 출력** 블록을 연결하고, 다음과 같이 적절한 모양을 선택합니다.

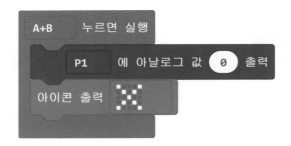

6. 마지막으로 DC 모터를 끄는 버튼을 만들어야겠죠? A와 B 버튼을 동시에 누르면 아날로그 출력 값을 '0'으로 출력하여 DC 모터를 끄도록 다음과 같이 코딩합니다. 디스플레이에도 적절한 아이콘을 출력해 주세요.

자, 이제 소프트웨어 코딩을 마쳤습니다. 이 코드를 마이크로비트에 업로드하여 테스트해 보세요.

버튼 A ▼ 누르면 실행 ●----------● 버튼 A를 누르면 실행

아날로그 출력 P1 ▼ 값 400 ●----------● 중간 출력 값으로 DC 모터 구동(약한 바람)

아이콘 출력 ▼ ●----------● DC 모터 상태를 마이크로비트에 출력

버튼 B ▼ 누르면 실행 ●----------● 버튼 B를 누르면 실행

아날로그 출력 P1 ▼ 값 1023 ●----------● 최대 출력 값으로 DC 모터 구동(강한 바람)

아이콘 출력 ▼ ●----------● DC 모터 상태를 마이크로비트에 출력

버튼 A+B ▼ 누르면 실행 ●----------● 버튼 A+B를 누르면 실행

아날로그 출력 P1 ▼ 값 0 ●----------● 최소 출력 값으로 DC 모터 구동 기능(정지)

아이콘 출력 ▼ ●----------● DC 모터 상태를 마이크로비트에 출력

이 코드는 버튼 A를 누르면 모터의 속도가 400으로 회전하면서 선풍기의 미풍을 의미하는 '작은 마름모' 아이콘을 출력합니다. 버튼 B를 누르면 모터의 속도가 1023의 속도로 회전하면서 선풍기의 강풍을 의미하는 '큰 마름모' 아이콘을 출력합니다. 마지막으로, A+B의 버튼을 누르면 모터가 정지하면서 선풍기의 멈춤을 의미하는 'X' 아이콘을 출력합니다.

프로젝트 정복하기

▶ 동영상 보기

http://m.site.naver.com/0tarl

주의사항

DC 모터로 만든 선풍기가 잘 동작하나요? 만약 잘 동작하지 않는다면 다음과 같은 사항을 확인해 보세요.

- USB 케이블이나 배터리 홀더를 연결했는지 확인해 보세요.
- 코드가 올바른 순서로 조립되었는지 확인해 보세요. 특히, 아날로그 출력 값을 제대로 입력했는지 확인해 보세요.

상상력 키우기

이 프로젝트를 잘 이해했다면 다음 문제를 풀어보세요.

- 푸시 버튼 말고 다른 내장 센서를 사용하여 선풍기를 켜보세요.
- ADKey를 사용하여 더 세밀하게 속도를 제어해 보세요.

똑똑이 화분 만들기

☑ 학습 목표

마이크로비트와 토양 습도 센서를 활용하여 화분의 수분 상태를 알려주는 스마트 화분을 만들어보자.

☑ 핵심 키워드

마이크로비트, 센서:엣지, 토양 습도 센서, 스마트 화분

☑ 준비물

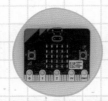

마이크로비트

센서:엣지

토양 습도 센서

미니 화분

삼색 점퍼선

☑ 학습 시간

하드웨어 설정하기: 5분
소프트웨어 코딩하기: 15분

하드웨어 따라 하기

먼저, 하드웨어의 조립 순서도를 알아볼까요?

센서:엣지 연결하기 ➡ 토양 습도 센서 연결하기

Ⅰ. 센서:엣지와 마이크로비트를 연결해 보세요.

2. 센서:엣지 1번 핀에 토양 습도 센서를 연결하세요.

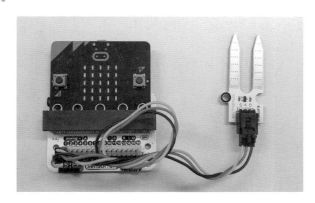

3. 토양 습도 센서를 화분 속 흙에 꽂아주세요.

하드웨어가 완성되었습니다. 이제, 소프트웨어를 코딩해 볼까요?

1. 마이크로비트 블록 코딩 에디터를 실행합니다. 먼저, 마이크로비트가 시작될 때 인사말과 함께 멜로디가 나오도록 해볼 거예요. **기본** 꾸러미의 **문자열 출력** 블록을 꺼내 'Hello!'라고 입력하고, **시작하면 실행** 블록에 넣어주세요.

2. 그리고 **음악** 꾸러미의 **'다다둠' 멜로디 '한 번' 출력** 블록을 꺼내 '전원 켜는' 멜로디를 '한 번' 출력으로 설정해 주세요.

3. 그리고 **기본** 꾸러미의 **수 출력 '0'** 블록을 가져와 **무한반복 실행** 블록에 넣어주세요. **고급**-**핀** 꾸러미에서 **'P0'의 아날로그 입력 값** 블록을 가져와 **수 출력 '0'** 블록의 '0' 자리에 넣고, 'P0'를 토양 습도 센서가 연결되어 있는 'P1'으로 바꿔주세요. 그러면 토양 습도 센서 값이 마이크로비트 앞면의 LED 매트릭스 부분에 표시됩니다.

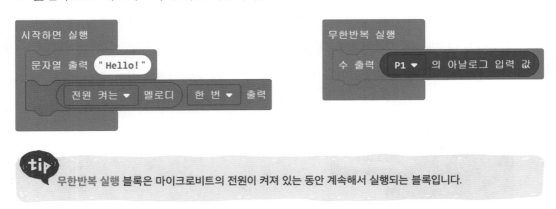

tip
무한반복 실행 블록은 마이크로비트의 전원이 켜져 있는 동안 계속해서 실행되는 블록입니다.

4. **논리** 꾸러미의 **만약(if) '참(true)'이면(then) 실행 / 아니면(else) 실행** 블록을 꺼내 줍니다. 그다음 **'0' '<' '0'** 블록을 꺼내 다음과 같이 설정해 주세요. 이는 '토양 습도 센서의 값이 300보다 작으면' 다음 블록을 실행하라는 의미입니다.

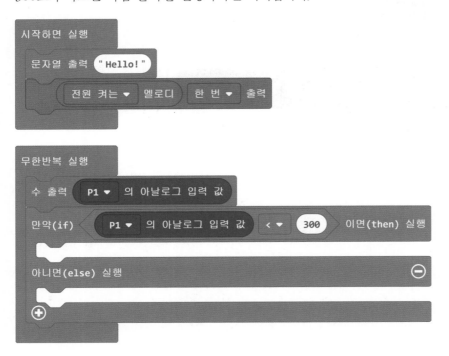

5. 토양 습도 센서의 값이 300보다 작으면 화분이 습도가 부족하다고 느끼게 되므로 슬픈 표정과 슬픈 멜로디가 나오도록 코딩해 보겠습니다. **기본** 꾸러미의 **아이콘 출력** 블록에서 '슬픈 표정' 을 표현하고, **음악** 꾸러미의 **'다다둠' 멜로디 '한 번' 출력** 블록을 꺼내 '나쁜' 멜로디를 '한 번' 출력으로 설정해 주세요. 그리고 **일시중지 '100'**(ms) 블록을 연결하고 '100'을 '5000'으로 바꿔 5초 동안 멈추게 합니다.

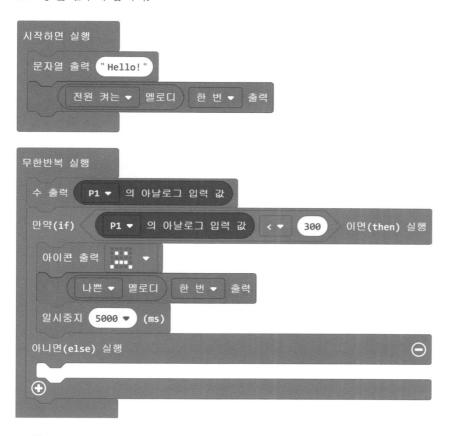

tip 일시중지 '100' (ms) 블록의 'ms'는 millisecond의 약자로, 1ms는 0.001초를 나타냅니다. 즉, 1000ms가 1초입니다.

6. 반면에, 토양 습도 센서의 값이 300보다 크면 화분이 촉촉하다는 뜻이므로 행복한 표정을 짓도록 코딩해 보겠습니다. 다음과 같이 **기본** 꾸러미의 **아이콘 출력** 블록에서 '하트' 모양을 찾아 설정해 주세요.

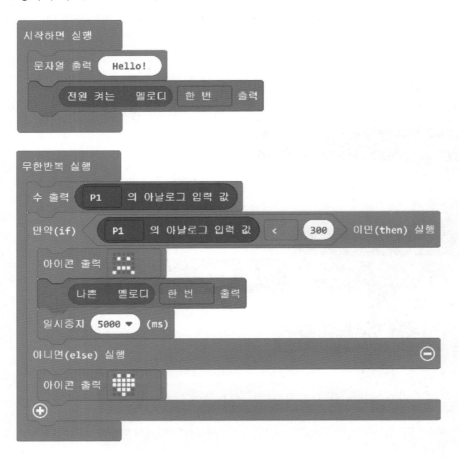

자, 이제 소프트웨어 코딩을 마쳤습니다. 이 코드를 마이크로비트에 업로드하여 테스트해 보세요.

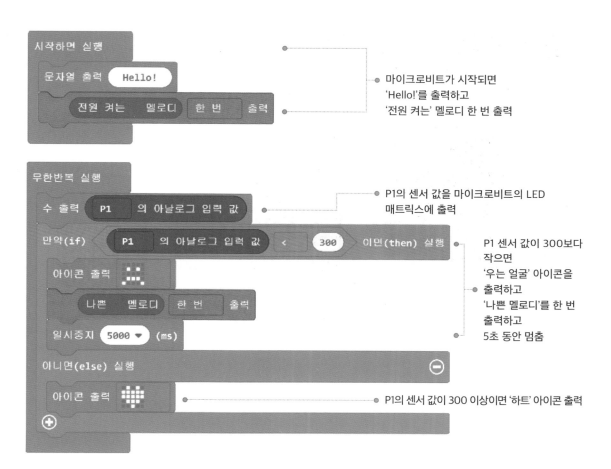

이 코드는 처음 실행될 때 Hello!라는 문자를 마이크로비트의 LED 매트릭스 부분에 표시하고, 전원을 켜는 멜로디를 출력합니다. 그리고 **무한반복 실행** 블록과 **만약(if) '참(true)'이면(then) 실행 / 아니면(else) 실행** 블록을 이용하여 토양 습도 센서의 값이 300보다 낮으면 우는 표정과 나쁜 멜로디를 출력하고, 300보다 높으면 하트 모양 아이콘을 출력합니다.

프로젝트 정복하기

프로젝트 #03

물을 주세요!
똑똑이 화분!

▶ 동영상 보기

http://m.site.naver.
com/0tarm

주의사항

마이크로비트와 토양 습도 센서가 잘 동작하나요? 만약 잘 동작하지 않는다면 다음과 같은 사항을
확인해 보세요.

- 화분에 따라 습도 값이 다를 수 있어요. 습도 값을 조정해 보세요.
- 여기서는 배터리 홀더를 연결하지 않았으므로 USB 케이블을 사용하지 않으려면 배터리 홀더를 연
  결해야 합니다.

상상력 키우기

이 프로젝트를 잘 이해했다면 다음 문제를 풀어보세요.

- 현재 온도를 함께 표시해 보세요.
- 다른 멜로디도 넣어보세요.

자동 LED
가로등 만들기

수준

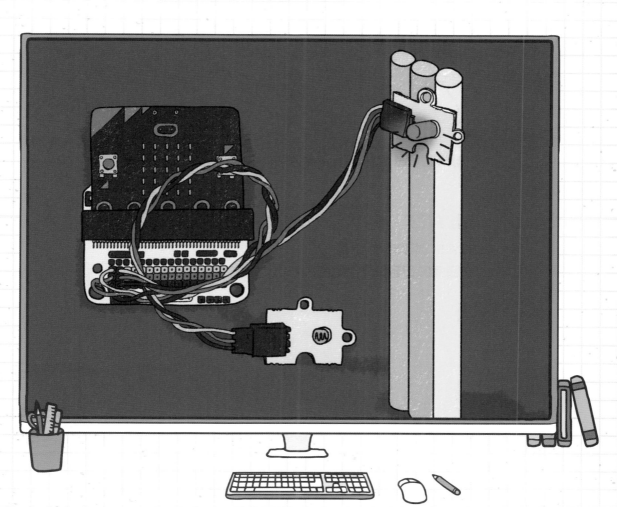

☑ 학습 목표

아날로그 광센서를 사용해 자동으로 켜지는 램프를 표현해 보자.

☑ 핵심 키워드

마이크로비트, 광센서, LED, 가로등

☑ 준비물

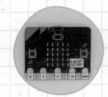
마이크로비트

센서:엣지

아날로그 광센서

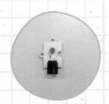
LED 모듈

삼색 점퍼선

수수깡

☑ 학습 시간

하드웨어 설정하기: 10분
소프트웨어 코딩하기: 15분

하드웨어 따라 하기

먼저, 하드웨어의 조립 순서도를 알아볼까요?

센서:엣지
연결하기
➡
아날로그 광센서
연결하기
➡
LED
연결하기

I. 먼저, 센서:엣지와 마이크로비트를 연결합니다.

2. 아날로그 광센서를 센서:엣지의 1번 핀에 연결해 주세요.

3. LED를 센서:엣지 2번 핀에 연결해 주세요.

4. 수수깡에 LED 모듈을 붙이면 완성입니다.

하드웨어가 완성되었습니다. 이제, 소프트웨어를 코딩해 볼까요?

소프트웨어 따라 하기

1. 먼저, 마이크로비트 블록 코딩 에디터를 실행하고, 여기에서 사용하지 않을 **시작하면 실행** 블록을 삭제합니다. 광센서 아날로그 값을 저장할 변수를 추가하기 위해 **변수** 꾸러미에서 '변수 만들기'를 클릭합니다. 변수 이름은 '밝기'라고 입력하고 '확인'을 누릅니다.

2. 이 '밝기' 변수에 광센서의 아날로그 값을 저장할 거예요. **'밝기'에 '0' 저장** 블록을 꺼내 **무한 반복 실행** 블록에 끼웁니다. 그리고 '0' 자리에 **핀** 꾸러미에서 **'P0'의 아날로그 입력 값** 블록을 넣고 핀 번호를 'P1'으로 바꿉니다.

3. 이제 **논리** 꾸러미에서 **만약(if) '참(true)'이면(then) 실행 / 아니면(else) 실행** 블록을 불러와 다음과 같이 **무한반복 실행** 블록에 연결합니다.

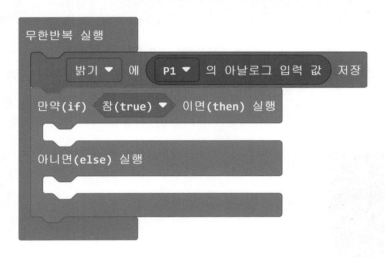

4. 이어서 **논리** 꾸러미에서 **'0' '<' '0'** 블록을 가져와 다음과 같이 밝기 변수가 200보다 작을 때로 설정해 주세요.

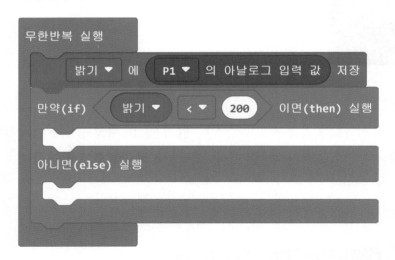

> **tip**
> 200은 기준 밝기 값인데 여러분의 취향에 따라 바꾸어도 됩니다. 50~300 정도가 적당합니다.

5. 다음으로 **고급**-핀 꾸러미에서 **'P0'에 디지털 값 '0' 출력** 블록 2개를 불러옵니다. LED를 2번 핀에 연결했으므로 'P0'를 모두 'P2'로 바꾸고, 디지털 값은 각각 '1'과 '0'으로 설정합니다.

이때 숫자 1은 'LED 켜기'를 의미하고, 0은 'LED 끄기'를 의미합니다.

소프트웨어가 완성되었습니다. 이 코드를 마이크로비트에 업로드하여 테스트해 보세요.

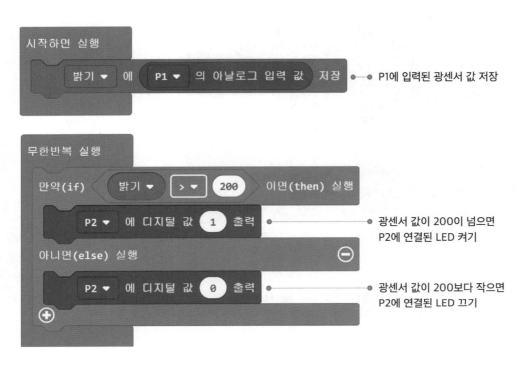

P1에 입력된 광센서 값 저장

광센서 값이 200이 넘으면
P2에 연결된 LED 켜기

광센서 값이 200보다 작으면
P2에 연결된 LED 끄기

이 코드는 '밝기'라는 변수에 빛 센서가 받는 빛의 양을 저장하여 밝기 값이 200보다 작을 때(즉, 어두운 경우) P2에 할당된 LED가 켜지고, 200보다 클 때(즉, 밝을 경우) P2에 할당된 LED가 꺼지는 프로그램입니다.

프로젝트 정복하기

▶ 동영상 보기

http://m.site.naver.
com/0tarp

주의사항

LED 가로등이 잘 동작하나요? 만약 잘 동작하지 않는다면 다음과 같은 사항을 확인해 보세요.

- 배선한 핀 번호와 코딩 속 핀 설정이 같은지 확인해 보세요.
- 여기서는 배터리 홀더를 연결하지 않았으므로 USB 케이블을 사용하지 않으려면 배터리 홀더를 연결해야 합니다.

상상력 키우기

이 프로젝트를 잘 이해했다면 다음 문제를 풀어보세요.

- 마이크로비트 LED에 광센서 측정 값을 나타내는 코드를 추가해 보세요.
- 여러 개의 LED를 사용해 보세요.

내 맘대로 레인보우 LED

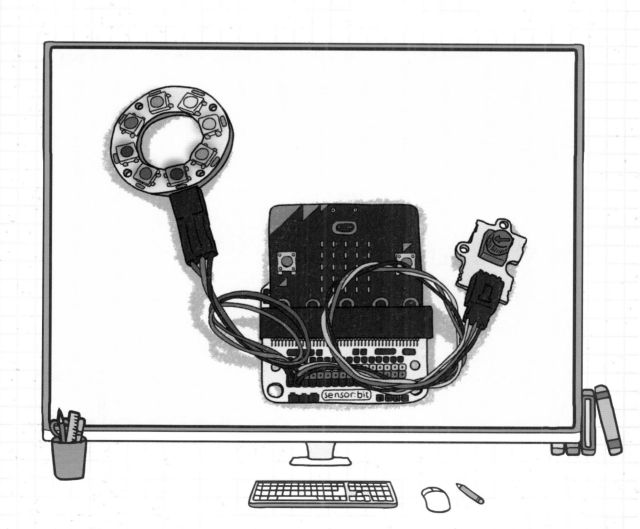

✓ **학습 목표**

마이크로비트의 센서:엣지 보드를 이용하여 입력과 출력에 대해 배우고, 입력인
가변저항과 출력인 레인보우 LED 링을 이용하여 LED를 밝혀보자.

✓ **핵심 키워드**

마이크로비트, 디지털, 가변저항, LED, 입력, 출력

✓ **준비물**

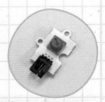

마이크로비트   센서:엣지   레인보우 LED 링   가변저항

가닥 점퍼선   삼색 점퍼선

✓ **학습 시간**

하드웨어 설정하기: 10분
소프트웨어 코딩하기: 20분

하드웨어 따라 하기

먼저, 하드웨어의 조립 순서도를 알아볼까요?

센서:엣지 연결하기 ➡ 가변저항 연결하기 ➡ 레인보우 LED 링 연결하기

I. 센서:엣지와 마이크로비트를 연결합니다.

2. 마이크로비트가 장착된 센서:엣지의 1번 핀에 가닥 점퍼선을 이용해 레인보우 LED 링을 연결합니다. (센서:엣지의 핀 색상에 따라 검정색은 G, 빨간색은 V, 노란색은 D1에 연결해야 합니다.)

3. 마이크로비트가 장착된 센서:엣지의 2번 핀에 삼색 점퍼선을 이용해 가변저항(다이얼)을 연결합니다.

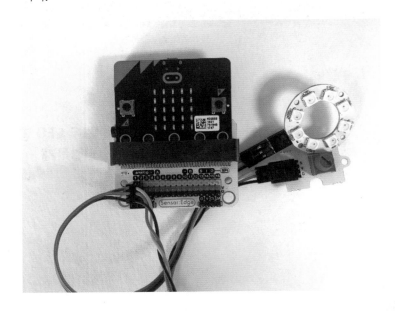

하드웨어가 완성되었습니다. 이제, 소프트웨어를 코딩해 볼까요?

1. 마이크로비트 블록 코딩 에디터를 실행하고, 우선 **고급**을 클릭하여 **확장** 꾸러미를 선택합니다. 그리고 검색 창에 'neopixel'이라고 입력하고 엔터를 누릅니다. 검색 결과에서 'neopixel'을 클릭하여 새 꾸러미를 다운로드합니다. 이는 레인보우 LED 링을 쓰기 위해 꼭 필요한 작업입니다.

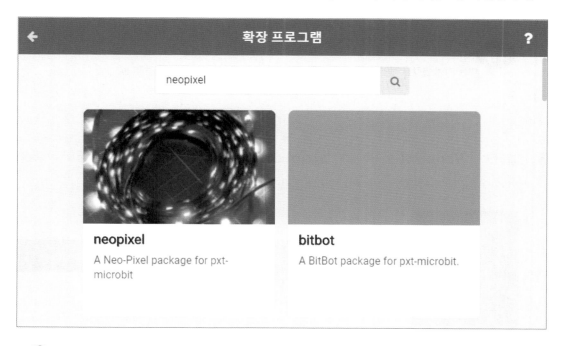

tip 확장 꾸러미는 기본적으로 제공되는 블록 이외에도 다양한 부품을 편하게 사용할 수 있도록 해줍니다. 여기서 다운로드한 neopixel은 여러 색이 나오는 LED를 쉽게 사용할 수 있도록 다른 사용자가 만든 블록인 셈이죠! 이렇게 '확장 프로그램'을 사용하면 다른 부품을 사용할 때도 어렵게 코딩하지 않고 쉽게 사용할 수 있습니다.

2. **변수** 꾸러미에서 '변수 만들기'를 눌러 'item'이라는 변수를 만듭니다. 그리고 **Neopixel** 꾸러미에서 **'strip'에 'NeoPixel at pin 'P0' with '24' leds as 'RGB (GRB format)' 저장** 블록을 가져와 **시작하면 실행** 블록에 넣고, 'strip'을 'item'으로, 'P0'를 'P1'으로, '24'를 '8'로 바꿉니다.

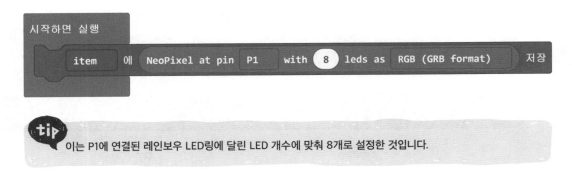

이는 P1에 연결된 레인보우 LED링에 달린 LED 개수에 맞춰 8개로 설정한 것입니다.

3. 그리고는 **Neopixel** 꾸러미에서 **'strip' show rainbow from '1' to '360'** 블록을 가져와 다음과 같이 연결합니다. 이제 LED 색을 조절할 수 있게 되었어요.

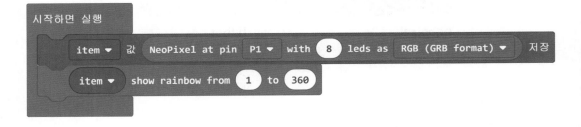

4. **논리** 꾸러미에서 **만약(if) '참(true)'이면(then) 실행 / 아니면(else) 실행** 블록을 가져와 **무한반복 실행** 블록에 넣고, **Neopixel** 꾸러미에서 **'strip' show** 블록과 **'strip' rotate pixels by '1'** 블록을 가져와 그림과 같이 연결합니다. 'strip'은 **2**에서 만든 'item'으로 모두 바꿔줍니다. 그리고 **기본** 꾸러미에서 **일시중지 '100' (ms)** 블록을 가져와 넣습니다.

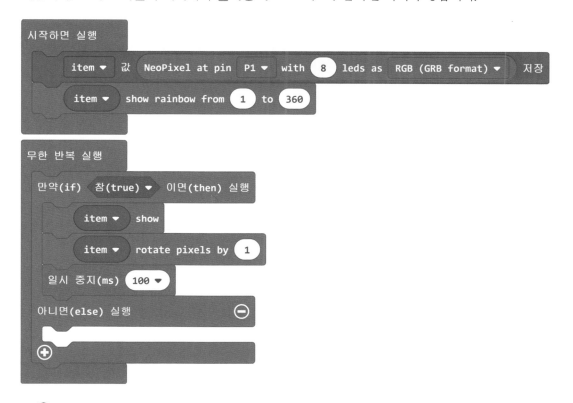

> **tip**
> 이는 시작하면 실행 블록에서 설정한 레인보우 LED의 설정 값을 어떠한 조건이 달성했을 때 보여주는데 (show), 각 LED가 한 번씩 돌면서(rotate pixels by 1) 보여준다는 의미입니다. 일시중지 '100' (ms) 블록을 사용하였으므로 0.1초마다 한 번씩 보여줍니다. 이 ms라는 숫자가 작아질수록 LED는 더 빨리 회전하게 됩니다.

5. 계속해서 **만약(if) '참(true)'이면(then) 실행 / 아니면(else) 실행** 블록의 **아니면(else) 실행** 부분도 4처럼 코딩합니다. 다만, **'item' rotate pixels by '1'** 블록의 '1'을 '-1'로 바꿔줍니다.

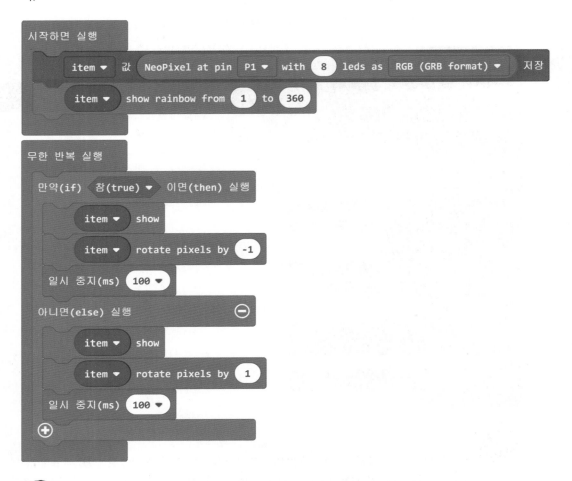

tip

'item' roatate pixels by '1' 블록과 'item' roatate pixels by '-1' 블록의 차이점은 무엇일까요? 바로 무지개 색 LED가 1이면 회전하고, -1이면 반대로 회전한다는 의미입니다.

6. 만약(if) '참(true)'이면(then) 실행 / 아니면(else) 실행 블록의 참(true) 자리에는 논리 꾸러미에서 '0' '<' '0' 블록을 가져옵니다. 그리고 **고급**-**핀** 꾸러미에서 **'P0'의 아날로그 입력 값** 블록을 가져와 'P0'를 'P2'로 수정하고 '0' '<' '0' 블록의 첫 번째 '0'에 넣습니다. 그리고 두 번째 '0'은 '512'로 바꿔줍니다. 이제 가변저항의 다이얼을 절반 이상 돌리면 LED가 정회전하고, 반대 방향으로 돌리면 역회전합니다.

tip 가변저항(다이얼) 모듈은 0~1023까지 숫자를 가지고 있는데, 여기서는 그 숫자를 반으로 나눈 512보다 작으면 LED가 왼쪽으로 회전하고, 512보다 크면 오른쪽으로 회전하도록 코딩하였습니다.

자, 이제 소프트웨어 코딩을 마쳤습니다. 이 코드를 마이크로비트에 업로드하여 테스트해 보세요.

시작하면 실행

item ▼ 값 NeoPixel at pin P1 ▼ with 8 leds as RGB (GRB format) ▼ 저장 ●● 레인보우 LED의 핀 및
LED 개수 선택

item ▼ show rainbow from 1 to 360 ●┄┄┄┄┄┐
                                         └┄┄● 레인보우 LED 링의 표현 색상 값

무한 반복 실행

만약(if) 아날로그 입력 P2 ▼ < ▼ 512 이면(then) 실행 ●┄┄ 가변저항(P2)의 값을 이용한 조건

    item ▼ show ●┄┄┄┄┄┄┄┄┄┄┄┄┄┄┄┄┄ LED 켜짐

    item ▼ rotate pixels by -1 ●┄┄┄┄┄┄┄ LED 무지개 정회전

    일시 중지(ms) 100 ●┄┄┄┄┄┄┄┄┄┄┄┄┄ 0.1초마다 반복

아니면(else) 실행   ⊖

    item ▼ show ●┄┄┄┄┄┄┄┄┄┄┄┄┄┄┄┄┄ LED 켜짐

    item ▼ rotate pixels by 1 ●┄┄┄┄┄┄┄ LED 무지개 역회전

    일시 중지(ms) 100 ●┄┄┄┄┄┄┄┄┄┄┄┄┄ 0.1초마다 반복

⊕

이 블록 코드를 시작하면 레인보우 LED 내의 8개 LED를 모두 사용하기로 설정하고, 무지개 빛 색상
값을 최대 360가지로 설정합니다. 그리고 가변저항(다이얼) 모듈이 가진 숫자 값 조건(0~1023)의 절반
인 512를 중심으로, 512보다 크면 LED를 정회전하고 512보다 작으면 LED를 역회전합니다. 가변저항
(다이얼)을 이리저리 돌릴 때마다 LED가 알록달록한 빛으로 회전하는 것을 볼 수 있습니다.

프로젝트 정복하기

▶ 동영상 보기

http://m.site.naver.com/0tarq

주의사항

가변저항과 레인보우 LED 링이 잘 동작하나요? 만약 잘 동작하지 않는다면 다음과 같은 사항을 확인해 보세요.

- 배선한 핀 번호와 코딩 속 핀 설정이 같은지 확인해 보세요.
- 여기서는 배터리 홀더를 연결하지 않았으므로 USB 케이블을 사용하지 않으려면 배터리 홀더를 연결해야 합니다.

상상력 키우기

이 프로젝트를 잘 이해했다면 다음 문제를 풀어보세요.

- 가변저항(다이얼)을 돌리지 않고 LED 링의 빛을 회전하듯이 밝혀보세요.
- 가변저항의 값을 이용하여 LED 링의 빛을 더 빠르게 회전시켜 보세요.

내 꿈은 피아니스트!
전자피아노 만들기

수준

☑ 학습 목표

마이크로비트와 ADKey를 이용하여 간단한 전자피아노를 만들어보자.

☑ 핵심 키워드

마이크로비트, 센서:엣지, ADKey, 피아노

☑ 준비물

마이크로비트

센서:엣지

ADKey

삼색 점퍼선

☑ 학습 시간

하드웨어 설정하기: 5분
소프트웨어 코딩하기: 15분

하드웨어 따라 하기

먼저, 하드웨어의 조립 순서도를 알아볼까요?

센서:엣지
연결하기 ➡ ADkey
연결하기

I. 센서:엣지와 마이크로비트를 연결합니다.

2. ADKey 모듈을 센서:엣지의 1번 핀에 연결해 주세요.

하드웨어가 완성되었습니다. 아주 간단하죠?

1. 마이크로비트 블록 코딩 에디터를 시작하고, 여기서 사용하지 않을 **시작하면 실행** 블록을 삭제해 주세요.

2. **논리** 꾸러미에서 **만약(if) '참(true)'이면(then) 실행** 블록을 불러옵니다.

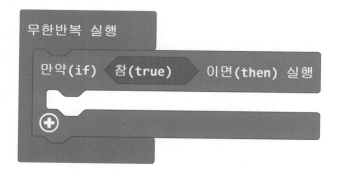

3. 아래에 보이는 ⊕ 버튼을 5번 클릭하고, ⊖ 버튼을 1번 클릭하여 다섯 가지의 조건문을 만들 수 있도록 합니다. 이를 통해 ADKEY 5개 버튼에 각각 다른 계이름의 소리가 나도록 해보겠습니다.

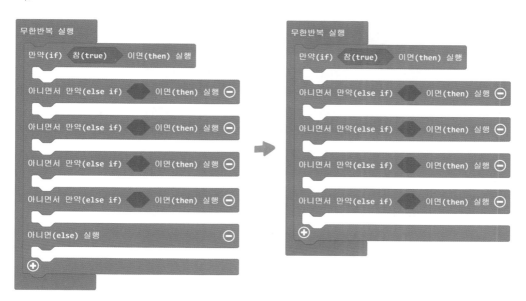

4. **논리** 꾸러미에서 '0' '<' '0' 블록을 가져와 **참(true)** 위치에 넣어주세요.

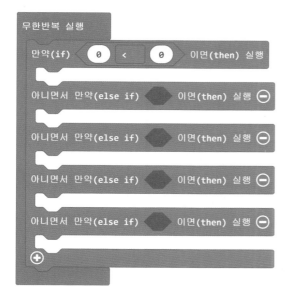

5. 첫 번째 '0'에는 **고급-핀** 꾸러미에서 **'P0'의 아날로그 입력 값** 블록을 가져와 'P0'를 'P1'으로 설정하고, 두 번째 '0'을 '10'으로 변경해 주세요.

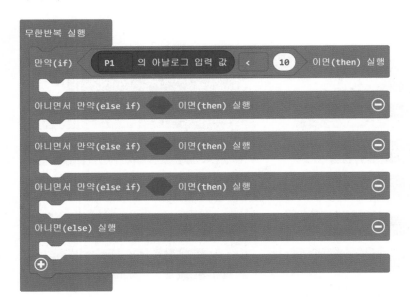

6. ADKey 버튼을 클릭하면 소리가 출력되도록 **음악** 꾸러미에서 **'도' '1'박자 출력** 블록을 가져와 다음과 같이 연결해 주세요.

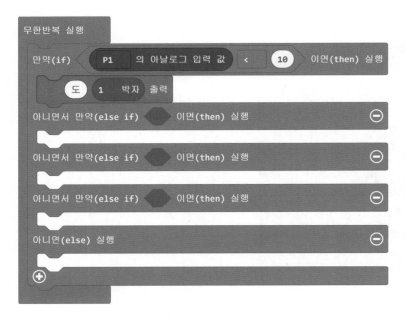

7. 같은 방법으로, 논리 블록에 다음과 같이 블록을 코딩합니다. '도' 부분을 클릭하면 피아노 건반이 나타나는데, 이 건반을 눌러서 계이름을 바꿀 수 있습니다.

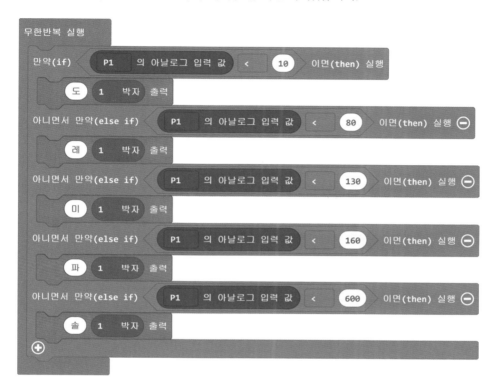

tip

10, 80, 130, 160, 600의 값은 ADKey의 5가지 버튼을 누를 때 전기가 흐르는 양이 달라진다는 것을 알려줍니다. 이는 버튼마다 전기가 흐르는 것을 방해하는 '저항'이 달려 있기 때문인데요. 전기를 크게 방해하면 아날로그 입력값이 10, 전기를 적게 방해하면 아날로그 입력값이 600이 됩니다. 이러한 원리를 이용해서 각 버튼을 피아노처럼 다른 소리가 나게 할 수 있습니다.

자, 이제 소프트웨어 코딩을 마쳤습니다. 이 코드를 마이크로비트에 업로드하여 테스트해 보세요.

전체 알고리즘 살펴보기

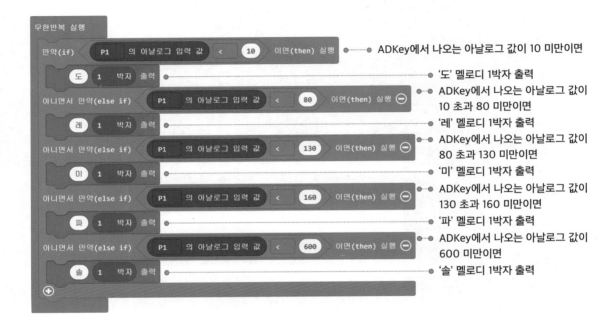

무한반복 실행

만약(if) **P1** 의 아날로그 입력 값 < **10** 이면(then) 실행 ● ---- ADKey에서 나오는 아날로그 값이 10 미만이면

도 1 박자 출력 ● ---- '도' 멜로디 1박자 출력

아니면서 만약(else if) **P1** 의 아날로그 입력 값 < **80** 이면(then) 실행 ⊖ ● ---- ADKey에서 나오는 아날로그 값이 10 초과 80 미만이면

레 1 박자 출력 ● ---- '레' 멜로디 1박자 출력

아니면서 만약(else if) **P1** 의 아날로그 입력 값 < **130** 이면(then) 실행 ⊖ ● ---- ADKey에서 나오는 아날로그 값이 80 초과 130 미만이면

미 1 박자 출력 ● ---- '미' 멜로디 1박자 출력

아니면서 만약(else if) **P1** 의 아날로그 입력 값 < **160** 이면(then) 실행 ⊖ ● ---- ADKey에서 나오는 아날로그 값이 130 초과 160 미만이면

파 1 박자 출력 ● ---- '파' 멜로디 1박자 출력

아니면서 만약(else if) **P1** 의 아날로그 입력 값 < **600** 이면(then) 실행 ⊖ ● ---- ADKey에서 나오는 아날로그 값이 600 미만이면

솔 1 박자 출력 ● ---- '솔' 멜로디 1박자 출력

이 코드는 P1에 연결된 ADKey의 A~E 버튼을 눌렀을 때 입력되는 값의 크기를 판단하여 어떤 버튼을 눌렀는지 확인하고, 그 값에 따라 '도레미파솔'의 음을 1박자씩 출력합니다.

프로젝트 정복하기

동영상 보기

http://m.site.naver.com/0tarr

주의사항

ADKey로 만든 전자피아노가 잘 동작하나요? 만약 잘 동작하지 않는다면 다음과 같은 사항을 확인해 보세요.

- 코드 블록을 올바르게 조립했는지 확인해 보세요. 특히, '0' '<' '0' 블록에 입력한 숫잣값을 확인해 보세요.
- 여기서는 배터리 홀더를 연결하지 않았으므로 USB 케이블을 사용하지 않으려면 배터리 홀더를 연결해야 합니다.

상상력 키우기

이 프로젝트를 잘 이해했다면 다음 문제를 풀어보세요.

- '도레미파솔' 이외의 다른 음계도 연주해 보세요.
- 5음계 말고도 다른 음계를 추가로 연주하려면 어떻게 해야 할지 생각해 보세요.

토양 습도 센서를 이용한 거짓말 탐지기

수준

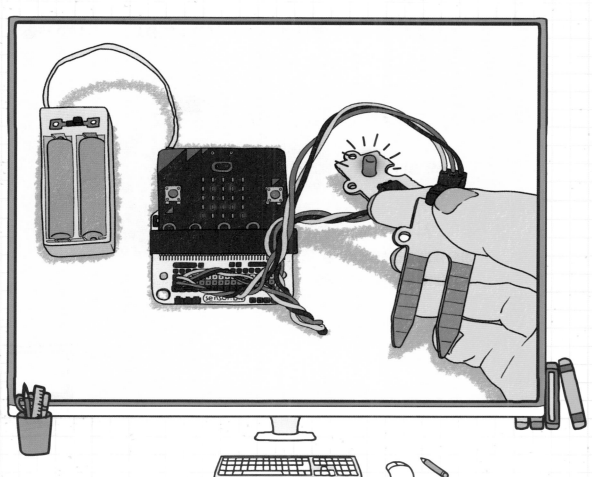

✅ 학습 목표

마이크로비트와 토양 습도 센서로 거짓말 탐지기를 만들어 거짓말을 하면 LED
를 반짝이게 해보자.

✅ 핵심 키워드

마이크로비트, 토양 습도 센서, LED

✅ 준비물

| 마이크로비트 | 센서:엣지 | 토양 습도 센서 | LED 모듈 |

삼색 점퍼선   배터리 홀더   건전지

✅ 학습 시간

하드웨어 설정하기: 10분
소프트웨어 코딩하기: 15분

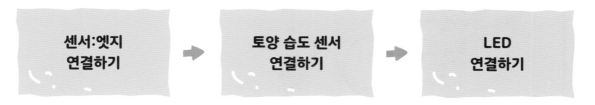

하드웨어 따라 하기

먼저, 하드웨어의 조립 순서도를 알아볼까요?

센서:엣지
연결하기 ➡ 토양 습도 센서
연결하기 ➡ LED
연결하기

1. 센서:엣지와 마이크로비트를 연결합니다.

2. 토양 습도 센서를 센서:엣지 1번 핀에 연결해 주세요.

3. LED 모듈을 센서:엣지 2번 핀에 연결해 주세요.

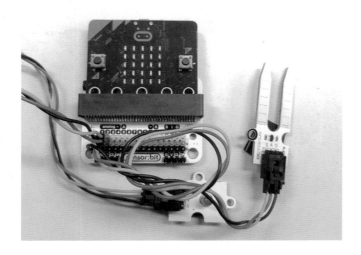

4. 마지막으로, 마이크로비트 상단에 배터리 홀더를 연결합니다.

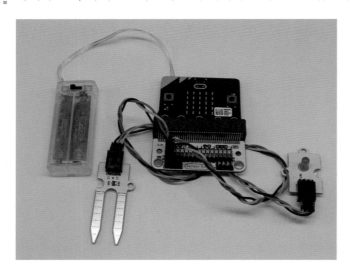

하드웨어가 완성되었습니다. 이제, 소프트웨어를 코딩해 볼까요?

소프트웨어 따라 하기

1. 마이크로비트 블록 코딩 에디터를 실행하고, 사용하지 않을 두 블록은 지웁니다. 거짓말 탐지기가 계속 작동하는 것이 아니라 우리가 질문을 하면 작동되도록 해보겠습니다. **입력** 꾸러미에서 **'A' 누르면 실행** 블록을 가져와 팔레트에 추가해 주세요. 이 블록을 사용하면 버튼 A를 눌러야만 거짓말 탐지기를 사용할 수 있습니다.

2. 토양 습도 센서의 값을 표시하기 위해 **기본** 꾸러미에서 **수 출력 '0'** 블록을 추가해 주세요.

3. **고급** 탭을 눌러 **핀** 꾸러미에서 **'P0'의 아날로그 입력 값** 블록을 가져와 '0' 자리에 넣어주세요. 앞에서 토양 습도 센서를 센서:엣지 핀 1번에 배선했으므로 'P0'를 'P1'으로 바꿔야 해요. 만약, 'P1'이 아닌 다른 핀에 배선했다면 그 핀에 맞는 번호로 수정해 주세요.

4. **논리** 꾸러미에서 **만약(if) '참(true)'이면(then) 실행 / 아니면(else) 실행** 블록을 추가해 주세요. 여기서 if else문을 사용하는 이유는 우리가 거짓말 탐지기를 사용했을 때 상태를 '거짓말을 하였는가?'와 '거짓말을 하지 않았는가?' 두 가지로 나누기 때문입니다.

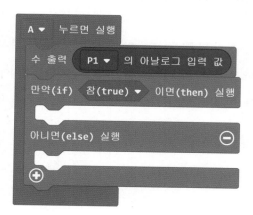

5. **논리** 꾸러미에서 **'0' '<' '0'** 블록을 가져와 **참(true)** 부분에 추가해 주세요. 이는 토양 습도 센서의 기준값을 정하기 위함입니다.

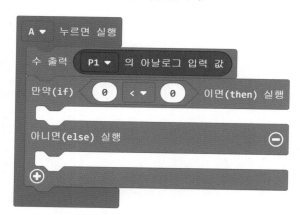

6. 핀 꾸러미에서 **'P0'의 아날로그 입력 값** 블록을 '0' '<' '0' 블록의 첫 번째 '0'에 추가하고, 핀 번호를 'P1'으로 바꿔주세요. 그리고 두 번째 '0' 부분에는 토양 습도 센서의 기준값을 정해 주어야 해요. 이 기준값으로 거짓말을 했는지 안 했는지 판단하게 됩니다. 여기서는 '700'을 기준으로 정했지만 이 값은 사용자에 맞게 변경이 가능합니다. 그리고 부등호를 다음 그림과 같이 바꿔주세요.

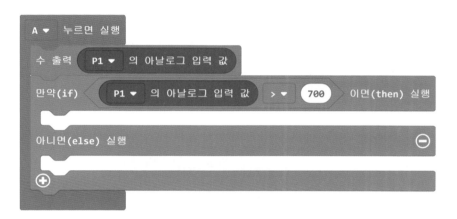

7. 토양 습도 센서의 값이 700보다 크다는 것은 거짓말을 해서 손에 땀이 난 상태를 의미합니다. 거짓말을 했다는 것을 다같이 알 수 있도록 LED 모듈과 디스플레이를 사용해 보겠습니다. **핀 꾸러미에서 'P0'에 디지털 값 '0' 출력** 블록을 가져와 LED 모듈을 배선한 'P2'로 변경하고, LED를 켜기(ON) 위해 출력을 1로 변경해 주세요. 그리고 **기본** 블록에서 **아이콘 출력** 블록을 가져와 '찡그린 표정'을 출력해 줍니다.

8. LED 모듈과 디스플레이에 일정 시간 동안 출력하기 위하여 **기본** 꾸러미에서 **일시중지 '100'** **(ms)** 블록을 가져와 '100'을 '3000'으로 바꿔주세요. 그러면 **7**에서 코딩한 찡그린 표정을 3000ms, 즉 3초 동안 출력합니다.

9. 디스플레이에 찡그린 표정을 3초 출력한 후에는 **기본** 꾸러미의 **더 보기**에서 **LED 스크린 지우기**를 가져와 찡그린 표정을 지웁니다.

IO. 반대로, 거짓말을 하지 않았을 때를 코딩해 보겠습니다. 거짓말을 하지 않아 손바닥의 땀이 나지 않은 상태일 때, 즉 토양 습도 센서의 값이 700 미만일 때 LED를 끄고(OFF) '웃는 표정'을 출력해 보겠습니다. **9**의 코드를 참고하여 다음과 같이 코딩해 보세요.

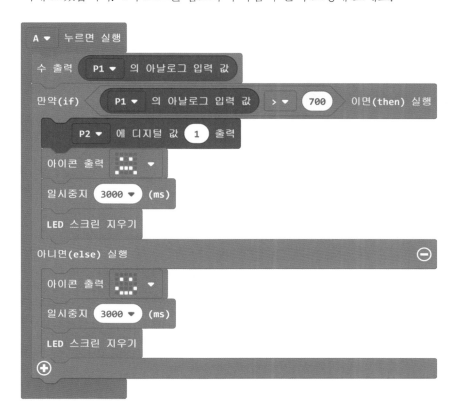

자, 이제 소프트웨어 코딩을 마쳤습니다. 이 코드를 마이크로비트에 업로드하여 테스트해 보세요.

전체 알고리즘 살펴보기

```
A ▼  누르면 실행

  수 출력  P1 ▼  의 아날로그 입력 값 ·············●········· 실시간으로 토양 습도 센서 값 출력

  만약(if)  P1 ▼  의 아날로그 입력 값  > ▼  700  이면(then) 실행  ●·● 토양 습도 센서 값이
                                                                      700 초과일 때 실행

      P2 ▼  에 디지털 값  1  출력 ·············●········· 거짓말을 하면 LED를 켜고
                                                          디스플레이에 찡그린 표정 출력
    아이콘 출력    ▼

    일시중지  3000 ▼  (ms)

    LED 스크린 지우기

  아니면(else) 실행                                     ⊖  ●·● 토양 습도 센서 값이
                                                              700 미만일 때 실행

    아이콘 출력    ▼  ·············●········· 거짓말을 하지 않으면 LED를 끄고
                                              디스플레이에 웃는 표정 출력
    일시중지  3000 ▼  (ms)

    LED 스크린 지우기

  ⊕
```

이 코드는 토양 습도 센서의 금색 판을 만지면 손에 있는 수분을 측정하여 거짓말을 판별하는 프로그램입니다. 마이크로비트의 A 버튼을 누르면 기능이 시작됩니다. 그리고 손의 수분을 측정하여 700 초과이면 P2에 연결된 LED를 켠 후 '찡그린 표정'을 짓고, 700 미만이면 LED를 끈 후 '웃는 표정'을 짓습니다.

프로젝트 정복하기

▶ 동영상 보기

http://m.site.naver.com/0tars

주의사항

토양 습도 센서로 만든 거짓말 탐지기가 잘 동작하나요? 만약 잘 동작하지 않는다면 다음과 같은 사항을 확인해 보세요.

- USB 케이블이나 배터리 홀더를 제대로 연결했는지 확인해 보세요.
- 코드가 올바른 순서로 조립되었는지 확인해 보세요. 특히, '0' '<' '0' 블록의 센서 값과 부등호가 제대로 입력되었는지 확인해 보세요.

상상력 키우기

이 프로젝트를 잘 이해했다면 다음 문제를 풀어보세요.

- 디스플레이에 아이콘 말고 문자를 출력해 보세요.
- 토양 습도 센서 말고 다른 센서를 사용하여 거짓말 탐지기를 만들어보세요.

직접 만드는 보드게임, 악어 게임

수준

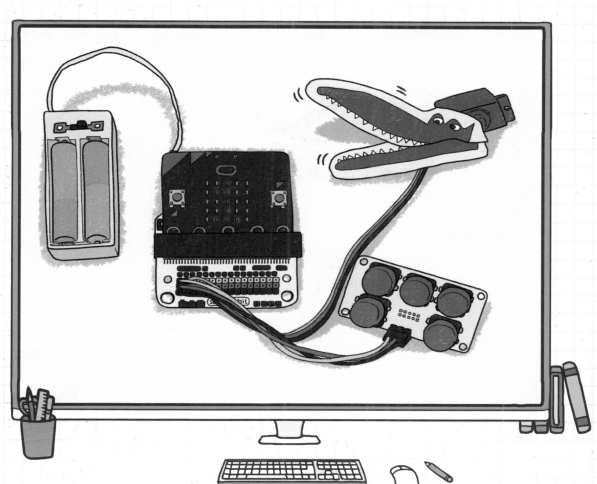

✓ 학습 목표

마이크로비트에서 랜덤 변수의 개념을 알아보고, 서보 모터와 ADKey, 그리고 랜덤 함수를 이용하여 악어 게임을 만들어보자.

✓ 핵심 키워드

마이크로비트, ADKey, 서보 모터, 랜덤 함수

✓ 준비물

마이크로비트

센서:엣지

ADKey

서보 모터(날개 포함)

삼색 점퍼선

악어 이미지

✓ 학습 시간

하드웨어 설정하기: 20분
소프트웨어 코딩하기: 15분

하드웨어 따라 하기

먼저, 하드웨어의 조립 순서도를 알아볼까요?

센서:엣지
연결하기 ➡ 서보 모터
연결하기 ➡ ADKey
연결하기

1. 센서:엣지와 마이크로비트를 연결합니다.

2. 서보 모터에 날개를 끼우고, 센서:엣지의 2번 핀에 연결합니다.

3. ADKey 모듈을 센서:엣지의 1번 핀에 연결합니다.

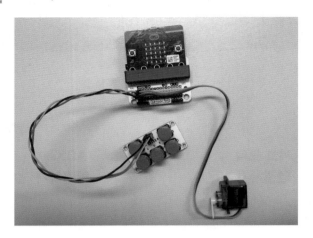

4. 서보 모터의 날개 부분에 악어 이미지를 붙입니다. 이때 악어의 윗니 부분만 서보 모터의 흰색 날개에 붙이고, 악어의 아랫니 부분은 날개에 닿지 않도록 하여 모터의 윗부분에 붙여줍니다.

하드웨어가 완성되었습니다. 이제, 소프트웨어를 코딩해 볼까요?

소프트웨어 따라 하기

1. 마이크로비트 블록 코딩 에디터를 실행합니다. 여기서는 **시작하면 실행** 블록과 **무한반복 실행** 블록을 그대로 사용하겠습니다.

2. **변수** 꾸러미에서 '변수 만들기' 버튼을 클릭하여 'item'이라는 변수를 만듭니다. 그러면 **변수** 꾸러미에 **'item'에 '0' 저장** 블록이 생성됩니다. 이 블록을 **시작하면 실행** 블록에 넣고, **계산** 꾸러미에서 **'0'부터 '10'까지의 정수 랜덤값** 블록을 가져와 다음과 같이 넣어줍니다. 그리고 랜덤 블록에는 '10'부터 '30' 사이의 숫자를 넣어줍니다. 이는 item이라는 변수에 10부터 30까지의 숫자를 랜덤하게 저장한다는 의미입니다.

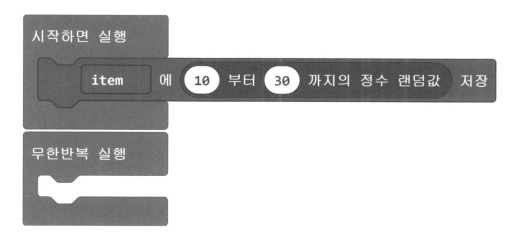

3. **무한반복 실행** 블록에는 **기본** 꾸러미에서 **아이콘 출력** 블록을 가져와 '하트' 모양을 넣습니다.
그리고 **논리** 꾸러미의 **만약(if) '참(true)'이면(then) 실행 / 아니면(else) 실행** 블록을 넣은
뒤, ➕를 5번 누르고 ➖를 한 번 눌러 다음과 같이 만들어줍니다.

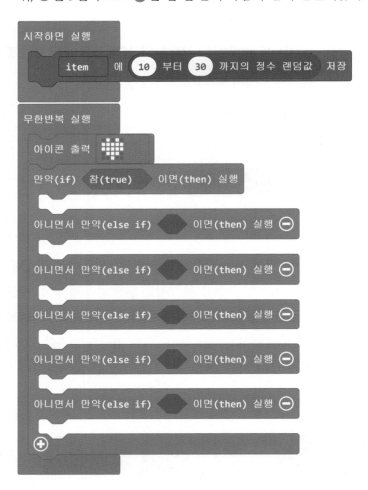

4. 논리 꾸러미에서 '0' '<' '0' 블록을 가져와 첫 번째 **참(true)**에 넣습니다. 그리고 **핀** 꾸러미에서 **'P0'의 아날로그 입력 값** 블록을 가져와 첫 번째 '0'에 넣고, 'P0'를 'P1'으로 고칩니다. 두 번째 '0'은 '10'으로 고칩니다. 그리고 다음과 같이 마지막의 조건 블록만 제외하고 나머지 조건 블록을 채웁니다. '0' '<' '0' 블록 위에서 마우스 오른쪽 키를 눌러 '복사'를 선택하면 코드 블록을 쉽게 복사하여 붙여넣을 수 있습니다.

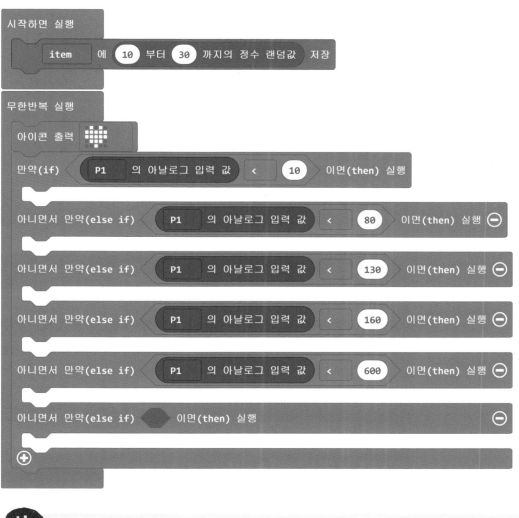

'10, 80, 130, 160, 600' 값에 대해서는 69쪽을 참고하세요.

5. 이제 버튼에 각각의 점수를 할당할 것입니다. 각각의 숫자에 변수 1, 2, 3, 4, 5를 더하여 게임의 진행을 빠르게 혹은 느리게 할 수 있습니다. 먼저 **기본** 꾸러미에서 **수 출력 '0'** 블록을 다섯 개 가져와 1부터 5까지의 숫자를 넣고, 다음과 같이 **만약(if) '참(true)'이면(then) 실행 / 아니면(else) 실행** 블록을 채웁니다.

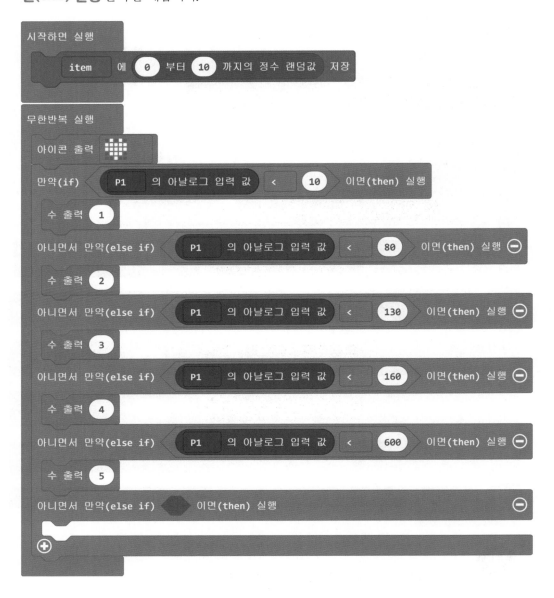

6. **변수** 꾸러미에서 '변수 만들기' 버튼을 클릭하여 'value' 변수를 생성하고, **'value' 값 '1' 증가** 블록을 가져와 **수 출력 '1'** 블록 아래에 넣습니다. 그리고는 5에서처럼 **'value' 값 '1' 증가** 블록을 복사하여 붙여넣고, 값을 다음과 같이 1부터 5까지 채웁니다.

tip 이렇게 코딩하면 ADKey의 5개의 버튼에 1부터 5까지의 숫자를 넣을 수 있습니다. 이 숫자는 10~30까지의 랜덤 변수에 도달할 때까지 출력한 수를 더하는 기능을 갖고 있습니다. 그러다가 변수 값이 10~30을 넘어서면 악어 입이 닫힙니다.

7. ADKey의 버튼을 눌러 변수의 숫자에 도달하였을 때 서보 모터가 회전해 악어 입이 닫히도록 코딩해 보겠습니다. **논리** 꾸러미의 '0' '<' '0' 블록을 가져와 **만약(if) '참(true)'이면(then) 실행 / 아니면(else) 실행** 블록의 마지막 조건 부분에 넣어줍니다. 그리고 '0' 자리에 **변수** 꾸러미의 **item**과 **value** 블록을 각각 넣고, 부등호 모양을 '≥'으로 바꿉니다. 이 블록은 value의 증가된 변수가 랜덤으로 정해진 item 변수보다 높을 때 악어 입이 닫히도록 해줍니다.

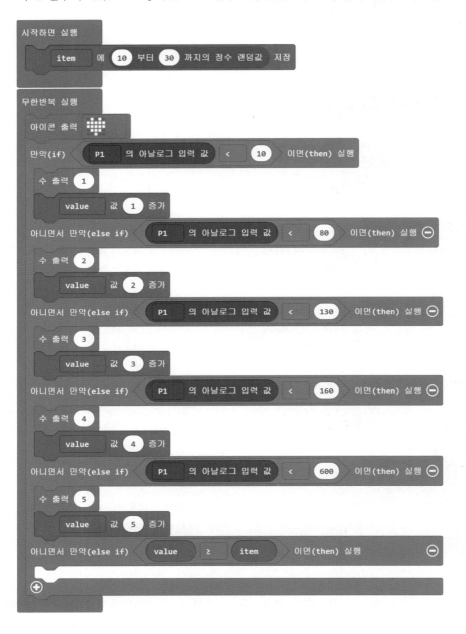

8. 그리고 **핀** 꾸러미의 **'P0'에 서보 값 '180' 출력** 블록을 가져와 'P0'를 'P2'로, '180'을 '95'로 바꾸어줍니다. 그리고 **기본** 꾸러미에서 **일시 중지 '100' (ms)** 블록을 가져와 '100'을 '500'으로 바꿉니다. 여기서 0과 95는 악어의 턱이 모터의 날개에 맞추어 0도와 95도로 움직여 입을 열었다 닫았다 하는 동작을 표현합니다. 이처럼 서보 모터의 숫잣값을 조절해서 입이 열리는 각도를 조절할 수 있습니다.

9. 계속해서 **핀** 꾸러미의 **'P0'에 서보 값 '180' 출력** 블록을 가져와 다음과 같이 'P0'를 'P2'로 바꾸고 '0'은 '5'로 바꿉니다. 마지막으로, **음악** 꾸러미의 **'도' '1' 박자 출력** 블록과 **기본** 탭의 **일시 중지 '100' (ms)** 블록, **아이콘 출력** 블록을 연결하고, 다음과 같이 '도'를 '낮은 시'로, 아이콘은 '화남' 표정으로, '100'은 '500'으로 고칩니다.

자, 이제 소프트웨어 코딩을 마쳤습니다. 이 코드를 마이크로비트에 업로드하여 테스트해 보세요.

전체 알고리즘 살펴보기

시작하면 실행

item 에 10 부터 30 까지의 정수 랜덤값 저장 ● ········· ● item 변수에 10부터
30 사이의 무작위 숫자 저장

무한반복 실행

아이콘 출력 ● ········· ● 하트 모양 LED 표시

만약(if) P1 의 아날로그 입력 값 < 10 이면(then) 실행 ● ADKey의 A 버튼을 누르면
　수 출력 1 ● 숫자 1을 출력하고
　　value 값 1 증가 ● value 변수 값 1 증가

아니면서 만약(else if) P1 의 아날로그 입력 값 < 80 이면(then) 실행 ⊖ ●
　수 출력 2 ● ADKey의 B 버튼을 누르면
　　value 값 2 증가 숫자 2를 출력하고
value 변수 값 2 증가

아니면서 만약(else if) P1 의 아날로그 입력 값 < 130 이면(then) 실행 ⊖ ●
　수 출력 3 ● ADKey의 C 버튼을 누르면
　　value 값 3 증가 숫자 3을 출력하고
value 변수 값 3 증가

아니면서 만약(else if) P1 의 아날로그 입력 값 < 160 이면(then) 실행 ⊖ ●
　수 출력 4 ● ADKey의 D 버튼을 누르면
　　value 값 4 증가 숫자 4를 출력하고
value 변수 값 4 증가

아니면서 만약(else if) P1 의 아날로그 입력 값 < 600 이면(then) 실행 ⊖ ●
　수 출력 5 ● ADKey의 E 버튼을 누르면
　　value 값 5 증가 숫자 5를 출력하고
value 변수 값 5 증가

아니면서 만약(else if) value ≥ item 이면(then) 실행 ⊖ ●
　P2 에 서보 값 95 출력
　일시중지 500 ▼ (ms) item 변수보다
　P2 에 서보 값 5 출력 value 변수가 크면
　　낮은 시 1 박자 출력 ● 서보 모터를 회전하고
　일시중지 500 ▼ (ms) '낮은 시' 음을 출력하고
　아이콘 출력 '화남' 아이콘 출력
⊕ ●

프로젝트 정복하기

▶ 동영상 보기

http://m.site.naver.com/0tart

주의사항

서보 모터와 ADKey 모듈로 만든 악어 게임이 잘 동작하나요? 만약 잘 동작하지 않는다면 다음과 같은 사항을 확인해 보세요.

- 코드가 올바른 순서로 조립되었는지 확인해 보세요. 특히, 숫자를 입력해야 하는 부분이 많으니 해당 부분의 값들을 확인해 보세요. 또한, 블록을 복사하여 붙여넣을 때 올바른 자리에 조립했는지 확인해 보세요.

상상력 키우기

이 프로젝트를 잘 이해했다면 다음 문제를 풀어보세요.

- item 변수 값이나 value 변수 값을 바꾸어 악어 게임의 시간을 조절해 보세요.
- ADKey 버튼이 아닌 빛 감지 센서를 사용해 악어 게임을 만들어보세요.

LED는 지금 얼만큼 빛나고 있을까?

수준

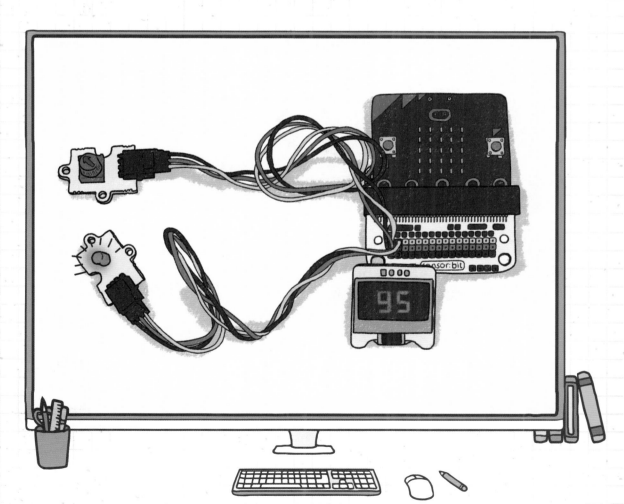

☑ 학습 목표

가변저항의 원리에 관해 알아보고, 가변저항에 따라 LED 밝기를 조절하면서 밝기 값을 OLED에 나타내보자.

☑ 핵심 키워드

가변저항, OLED, LED

☑ 준비물

마이크로비트

센서:엣지

OLED

가변저항

LED 모듈

삼색 점퍼선 2개

☑ 학습 시간

하드웨어 설정하기: 5분
소프트웨어 코딩하기: 15분

하드웨어 따라 하기

먼저, 하드웨어의 조립 순서도를 알아볼까요?

센서:엣지
연결하기 ➡ OLED
연결하기 ➡ 가변저항
연결하기 ➡ LED
연결하기

1. 먼저, 마이크로비트와 센서:엣지를 연결합니다.

2. 센서:엣지 하단에 OLED를 연결합니다.

3. 가변저항을 센서:엣지의 1번 핀에 연결합니다.

4. LED를 센서:엣지의 2번 핀에 연결합니다.

하드웨어가 완성되었습니다. 이제, 소프트웨어를 코딩해 볼까요?

1. 마이크로비트 블록 코딩 에디터를 실행합니다. 여기서는 **시작하면 실행** 블록과 **무한반복 실행** 블록을 그대로 사용하겠습니다.

2. 먼저, **고급** 탭을 눌러 맨 아래에 있는 **확장**을 선택하고, 'OLED-ssd1306' 블록 꾸러미를 다운로드합니다. 그러면 에디터에 OLED 꾸러미가 나타납니다. **OLED** 꾸러미에 있는 **initialize OLED with width '128' height '64'** 블록을 가져와 **시작하면 실행** 블록 사이에 넣습니다.

> **tip**
> **initialize OLED with width '128' height '64'** 블록은 OLED 모듈의 해상도를 64 × 128로 정하겠다는 의미입니다. 즉, 우리는 이 블록을 통해 OLED 화면 전체를 활용할 수 있습니다.

3. **변수** 꾸러미에서 '변수 만들기'를 클릭하고 '밝기'라는 이름으로 변수를 만듭니다. 변수를 만들었다면 **'밝기'에 '0' 저장** 블록을 가져와 **무한반복 실행** 블록 사이에 넣습니다. 그리고 **고급 - 핀** 탭의 **'P0'의 아날로그 입력 값** 블록을 가져와 '0' 자리에 넣고 'P0'를 'P1'으로 바꿉니다.

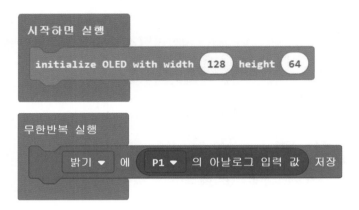

4. 그리고 다시 **핀** 꾸러미에서 **'P0'에 아날로그 값 '1023' 출력** 블록을 가져와 넣고, 'P0'를 'P2'로 바꾼 뒤 **변수** 꾸러미에서 **밝기** 블록을 가져와 '1023' 자리에 넣습니다.

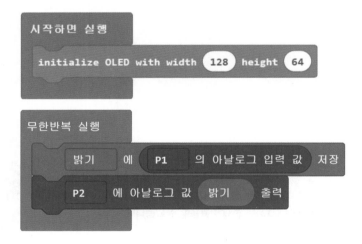

5. 이제 OLED에 LED 상태를 표시할 차례입니다. **입력** 꾸러미의 **'A' 누르면 실행** 블록을 가져오고, **OLED** 꾸러미의 **draw loading bar at '0' percent** 블록을 가져와 넣습니다. 그리고는 **핀** 꾸러미에서 가장 큰 블록인 **비례 변환(map)** 블록을 꺼내 '0' 자리에 넣습니다. **비례 변환(map)** 블록의 값들은 아래 그림과 같이 고쳐줍니다.

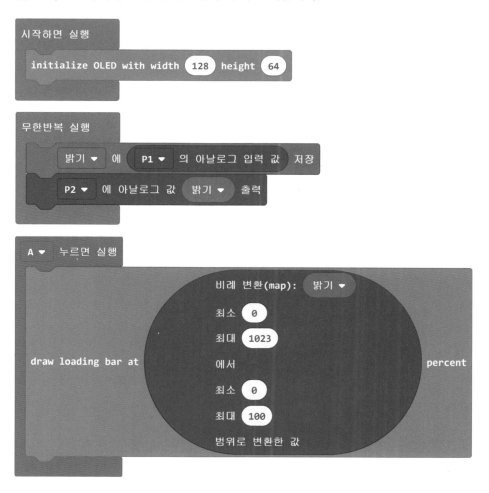

tip

비례 변환(map) 블록은 아날로그 값이 0~1023인 '밝기' 변수의 최댓값을 100까지 제한한다는 의미입니다. 최댓값을 100까지 제한하는 이유는 OLED의 밝기를 표시하는 막대 바가 숫자를 100까지 표시할 수 있기 때문입니다.

소프트웨어를 완성하였습니다. 이 코드를 마이크로비트에 업로드하여 테스트해 보세요.

전체 알고리즘 살펴보기

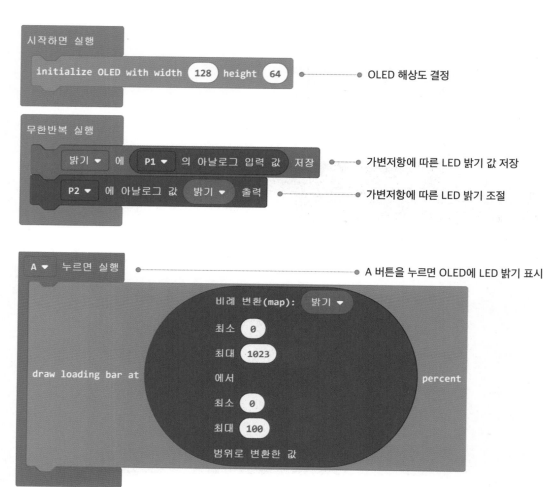

시작하면 실행

initialize OLED with width `128` height `64` ●········· ● OLED 해상도 결정

무한반복 실행

밝기 ▼ 에 `P1 ▼` 의 아날로그 입력 값 저장 ●········· ● 가변저항에 따른 LED 밝기 값 저장

`P2 ▼` 에 아날로그 값 밝기 ▼ 출력 ●········· ● 가변저항에 따른 LED 밝기 조절

A ▼ 누르면 실행 ●·· ● A 버튼을 누르면 OLED에 LED 밝기 표시

draw loading bar at

비례 변환(map): 밝기 ▼
최소 `0`
최대 `1023`
에서
최소 `0`
최대 `100`
범위로 변환한 값
percent

이 코드 블록은 가변저항을 돌리는 동작에 따라 LED를 밝게 또는 어둡게 조절하고, 마이크로비트의 A 버튼을 누르면 OLED에 밝기 값을 막대그림으로 표시하는 프로그램입니다. OLED에 밝기 값을 표시할 때는 0~1023의 아날로그 값을 비례 변환 블록을 통해 0~100까지로 환산하여 막대 바로 표시합니다.

프로젝트 정복하기

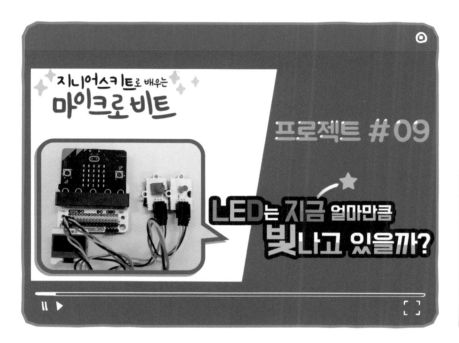

▶ 동영상 보기

http://m.site.naver.
com/0taru

주의사항

LED와 OLED 모듈이 잘 동작하나요? 만약 잘 동작하지 않는다면 다음과 같은 사항을 확인해 보세요.

- USB 케이블이나 배터리 홀더를 제대로 연결했는지 확인해 보세요.
- 코드가 올바른 순서로 조립되었는지 확인해 보세요.
- 배선한 핀 번호와 코딩 속 핀 설정이 같은지 확인해 보세요.

상상력 키우기

이 프로젝트를 잘 이해했다면 다음 문제를 풀어보세요.

- 가변저항을 대신해서 빛 감지 센서를 이용해서 자동으로 밝기를 조절해 보세요.
- OLED의 막대 바 이외에도 원, 사각형 모양으로 OLED의 밝기를 나타내 보세요.

무선으로
LED 켜고 끄기

 **학습 목표**

릴레이와 라디오 통신을 사용해 무선으로 LED를 켜고 꺼보자.

 **핵심 키워드**

마이크로비트, 릴레이, LED, 무선, 라디오 통신

 **준비물**

  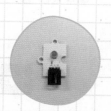 

마이크로비트 2개　　　센서:엣지　　　LED 모듈　　　삼색 점퍼선

학습 시간

하드웨어 설정하기: 10분
소프트웨어 코딩하기: 10분

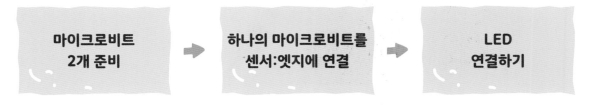

하드웨어 따라 하기

먼저, 하드웨어의 조립 순서도를 알아볼까요?

마이크로비트 2개 준비 → **하나의 마이크로비트를 센서:엣지에 연결** → **LED 연결하기**

1. 센서:엣지와 마이크로비트를 연결해 보세요.

2. 센서:엣지 1번 핀에 LED 모듈을 연결해 보세요.

3. 완성된 하드웨어 모습은 다음과 같습니다. 아무것도 연결하지 않은 나머지 하나의 마이크로비트는 센서:엣지에 연결된 마이크로비트를 조종하는 리모컨으로 볼 수 있습니다.

하드웨어를 완성하였습니다. 자, 이제 소프트웨어를 준비해 볼까요?

소프트웨어 따라 하기

이 프로젝트는 마이크로비트 두 개를 사용합니다. 하나는 '송신부'로, 다른 하나는 '수신부'로 사용하므로 코드도 송신부와 수신부 하나씩 총 두 개를 만들어야 합니다. 수신부는 송신부에서 보내는 값에 따라 LED를 켜고 끄는 역할을 하며, 송신부는 마치 리모콘처럼 수신부 마이크로비트에 신호를 보냅니다.

수신부 소프트웨어 따라 하기

1. 마이크로비트 블록 코딩 에디터를 실행합니다. 여기서는 **무한반복 실행** 블록은 사용하지 않으므로 삭제해 주세요.

2. 라디오 통신을 사용하기 위해 다음과 같이 **라디오** 꾸러미에서 **라디오 그룹을 '1' 로 설정** 블록을 가져옵니다.

3. 이어서 **라디오** 꾸러미에서 **라디오 수신하면 실행: receivedNumber** 블록을 가져옵니다.

4. **고급**-**핀** 꾸러미에서 **'P0'에 디지털 값 '0' 출력** 블록을 가져와 'P0'를 LED 모듈이 연결된 'P1'으로 바꿉니다.

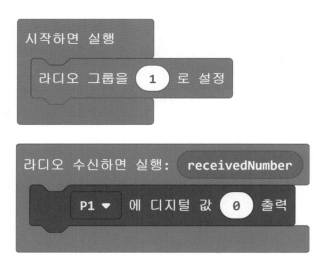

5. **변수** 꾸러미에서 '변수 만들기'를 클릭하여 'receivedNumber' 변수를 만듭니다. 그리고 **4**의 '0' 부분에 넣어주세요.

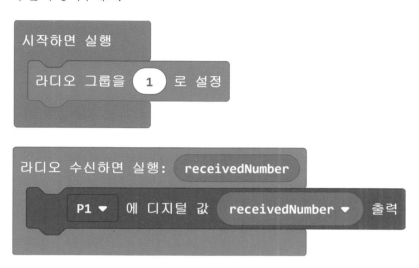

자, 이렇게 하면 수신부 코딩이 모두 완료됩니다! 이제 송신부 코딩을 시작해 볼까요?

6. 수신부 코드를 저장하고, '처음화면'으로 돌아가 '새 프로젝트' 선택합니다. 마찬가지로, **무한반복 실행** 블록을 삭제합니다.

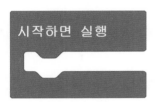

7. **라디오** 꾸러미에서 **라디오 그룹을 '1'로 설정** 블록을 가져와 조립합니다.

8. **입력** 꾸러미에서 **'A' 누르면 실행** 블록을 가져옵니다.

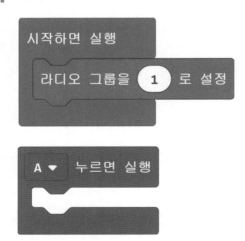

9. **라디오** 꾸러미에서 **라디오 전송: 수 '0'** 블록을 가져와 '0'을 '1'로 바꿉니다. 이는 LED를 켜겠다 (ON)는 의미입니다.

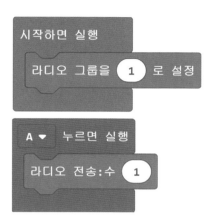

10. 마찬가지로 **입력** 꾸러미에서 **'A' 누르면 실행** 블록을 가져와 'A'를 'B'로 바꾸고, **라디오** 꾸러 미에서 **라디오 전송: 수 '0'** 블록을 가져옵니다. '라디오 전송: 수 0'은 LED를 끄겠다(OFF)는 의미입니다.

소프트웨어를 완성하였습니다. 이 코드를 마이크로비트에 업로드하여 테스트해 보세요.

전체 알고리즘 살펴보기

수신부

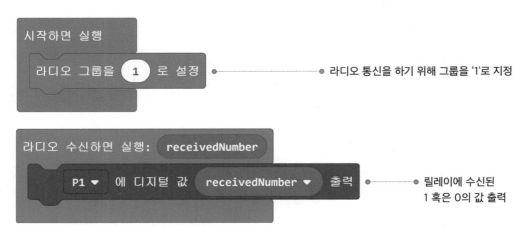

시작하면 실행
라디오 그룹을 [1] 로 설정 •······· ● 라디오 통신을 하기 위해 그룹을 '1'로 지정

라디오 수신하면 실행: receivedNumber
P1 ▼ 에 디지털 값 receivedNumber ▼ 출력 •······· ● 릴레이에 수신된
1 혹은 0의 값 출력

송신부

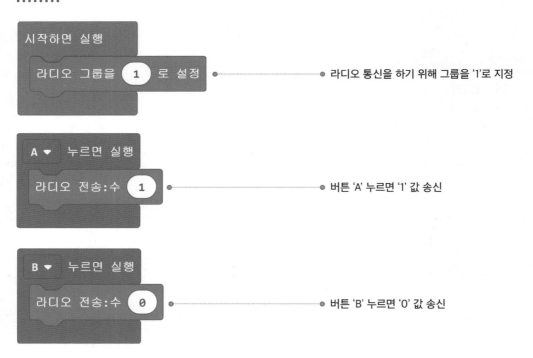

시작하면 실행
라디오 그룹을 [1] 로 설정 •······· ● 라디오 통신을 하기 위해 그룹을 '1'로 지정

A ▼ 누르면 실행
라디오 전송:수 [1] •······· ● 버튼 'A' 누르면 '1' 값 송신

B ▼ 누르면 실행
라디오 전송:수 [0] •······· ● 버튼 'B' 누르면 '0' 값 송신

프로젝트 정복하기

▶ 동영상 보기

http://m.site.naver.com/0tary

주의사항

마이크로비트 리모컨과 LED가 잘 동작하나요? 만약 잘 동작하지 않는다면 다음과 같은 사항을 확인해 보세요.

- USB 케이블이나 배터리 홀더를 제대로 연결했는지 확인해 보세요.
- 코드가 올바른 순서로 조립되었는지 확인해 보세요. 특히, 라디오 그룹을 잘 설정했는지 확인해 보세요.

상상력 키우기

이 프로젝트를 잘 이해했다면 다음 문제를 풀어보세요.

- LED가 아닌 다른 모듈을 조종해 보세요.
- 이 프로젝트를 일상에서 어떻게 사용할 수 있을지 생각해 보세요.

자동 블라인드 만들기

수준

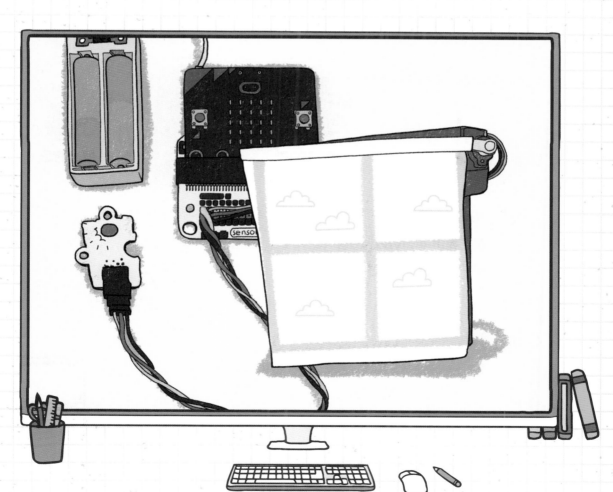

☑ 학습 목표

광센서를 이용하여 자동으로 내려오고 올라가는 블라인드를 만들어 보자.

☑ 핵심 키워드

마이크로비트, 광센서, 서보 모터

☑ 준비물

마이크로비트

센서:엣지

아날로그 광센서

서보 모터(날개 포함)

삼색 점퍼선

나무젓가락

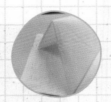

종이

목공 본드

☑ 학습 시간

하드웨어 설정하기: 10분
소프트웨어 코딩하기: 10분

하드웨어 따라 하기

먼저, 하드웨어의 조립 순서도를 알아볼까요?

센서:엣지 연결하기 ➡ 광센서 연결하기 ➡ 서보 모터 연결하기

1. 센서:엣지와 마이크로비트를 연결해 보세요.

2. 센서:엣지 1번 핀에 광센서를 연결해 보세요.

3. 센서:엣지 2번 핀에 서보 모터를 연결해 보세요.

4. 창문을 만들어보세요. 반으로 자른 나무젓가락을 목공 본드나 테이프를 이용하여 창문 모양으로 만들거나 창문 모양 그림을 인쇄하여 붙여도 됩니다.

5. 나무젓가락 창문에 블라인드 역할을 할 서보 모터를 붙여주세요.

6. 서보 모터를 붙인 나무젓가락 창문에 블라인드 역할을 해줄 종이와 아날로그 광센서를 붙여주세요. 블라인드 때문에 그림자가 질 수 있으므로 광센서는 아래 그림과 같이 서보 모터의 위쪽으로 붙여주세요.

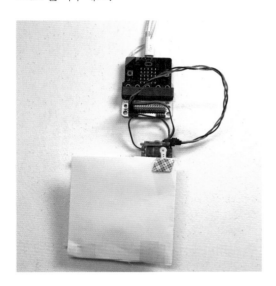

자, 하드웨어를 모두 완성했어요. 이제 소프트웨어를 준비해 볼까요?

소프트웨어 따라 하기

I. 마이크로비트 블록 코딩 에디터를 실행하고, 여기서 사용하지 않을 **시작하면 실행** 블록을 지 워주세요.

2. 광센서로 감지한 조도 값을 저장하기 위해 **변수** 꾸러미에서 '변수 만들기'를 사용하여 '조도'는 변수를 만들어주세요.

3. 변수 꾸러미에서 '조도'에 '0' 저장 블록을 가져와 **무한반복 실행** 블록에 연결합니다.

4. **고급** 탭을 누르고 **핀** 꾸러미에서 **'P0'의 아날로그 입력 값** 블록을 가져와 '0' 자리에 넣고, 'P0'를 'P1'으로 고칩니다. 이 블록을 사용해 광센서가 감지하는 조도 값의 변화를 확인할 수 있습니다.

5. **논리** 꾸러미에서 **만약(if) '참(true)'이면(then) 실행** 블록을 추가해 주세요.

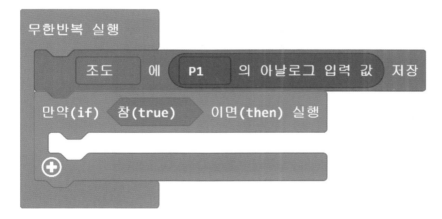

6. 만약(if) '참(true)'이면(then) 실행 블록의 참(true) 부분에 논리 꾸러미에서 '0' '<' '0' 블록을 가져와 넣어주세요. 그리고는 '0' '<' '0' 블록의 첫 번째 '0' 자리에 '조도' 변수를 넣고, 두 번째 '0'은 '300'으로 변경해 주세요.

7. 광센서가 감지한 조도 값이 300 미만의 값일 때 서보 모터를 움직이도록 하겠습니다. **핀** 꾸러미에서 **'P0'에 서보 값 '180' 출력** 블록을 가져와 핀 번호를 서보 모터가 연결된 'P2'로 변경하고 서보 값은 '90'으로 출력해 주세요.

8. 이번에는 조도 값이 300을 초과하면 서보 모터를 제자리로 돌리도록 해보겠습니다. **7**에서 **만약 (if) '참(true)'이면(then) 실행** 블록을 복사하여 붙여넣고, 다음과 같이 부등호를 고친 다음 서보 값도 '0'으로 바꿔주세요.

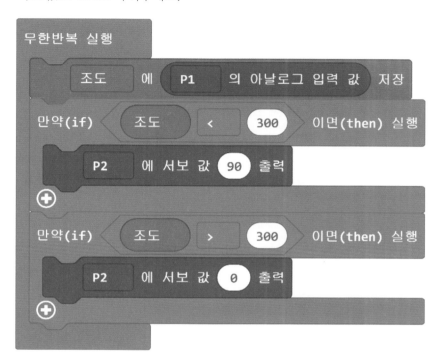

자, 이제 소프트웨어 코딩을 마쳤습니다. 이 코드를 마이크로비트에 업로드하여 테스트해 보세요.

전체 알고리즘 살펴보기

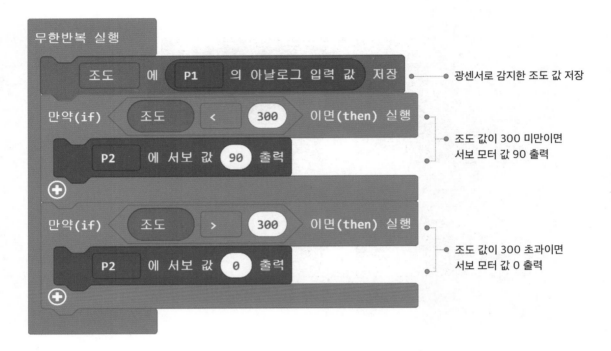

무한반복 실행

조도 에 P1 의 아날로그 입력 값 저장 ● 광센서로 감지한 조도 값 저장

만약(if) 조도 < 300 이면(then) 실행 ●

P2 에 서보 값 90 출력 ● 조도 값이 300 미만이면
서보 모터 값 90 출력

만약(if) 조도 > 300 이면(then) 실행 ●

P2 에 서보 값 0 출력 ● 조도 값이 300 초과이면
서보 모터 값 0 출력

손가락으로 광센서를 가려보세요. 이 코드는 조도 값이 300보다 낮으면 주변이 어두워졌다고 판단하여 (서보 모터를 돌려) 블라인드를 내리고, 조도 값이 300보다 높으면 주변이 밝다고 판단하여 블라인드를 올립니다.

프로젝트 정복하기

▶ 동영상 보기

http://m.site.naver.com/0tarz

주의사항

서보 모터 블라인드가 잘 동작하나요? 만약 잘 동작하지 않는다면 다음과 같은 사항을 확인해 보세요.

- USB 케이블이나 배터리 홀더를 제대로 연결했는지 확인해 보세요.
- 코드가 올바른 순서로 조립되었는지 확인해 보세요. 특히, 광센서의 조도 값 범위를 올바르게 설정 했는지 확인해 보세요.

상상력 키우기

이 프로젝트를 잘 이해했다면 다음 문제를 풀어보세요.

- 광센서가 감지하는 조도 값의 범위를 더 나누어 여러 각도로 서보 모터를 출력해 보세요.
- 서보 모터가 아닌 DC 모터를 사용하여 블라인드를 만들어보세요.

내 물건을 훔친다고?
도어락 경보기

수준 ★★★★★

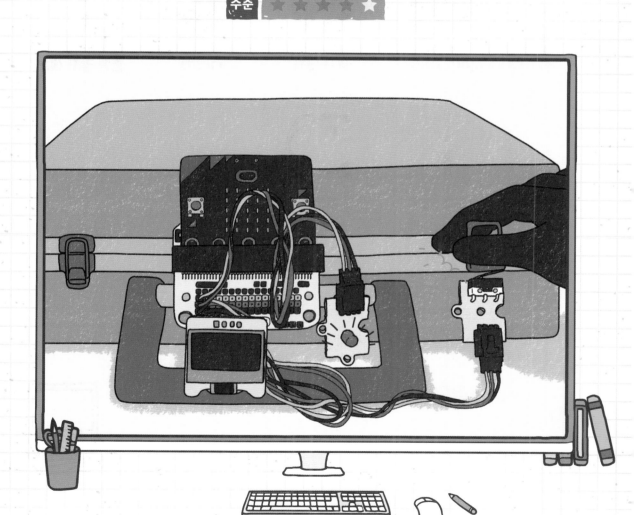

☑ 학습 목표

충돌 감지 센서를 통해 잠금 장치의 상태를 확인하고, 도둑이 내 가방을 만지면 LED를 깜빡이게 해보자.

☑ 핵심 키워드

충돌 감지 센서, OLED, LED, 도어락

☑ 준비물

마이크로비트

센서:엣지

OLED

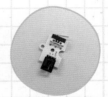
충돌 감지 센서

LED 모듈

삼색 점퍼선 2개

☑ 학습 시간

하드웨어 설정하기: 10분
소프트웨어 코딩하기: 30분

하드웨어 따라 하기

먼저, 하드웨어의 조립 순서도를 알아볼까요?

센서:엣지 연결하기 ➡ OLED 연결하기 ➡ 충돌 센서 연결하기 ➡ LED 연결하기

1. 마이크로비트와 센서:엣지, 그리고 OLED를 그림과 같이 연결해 주세요.

2. 충돌 센서를 센서:엣지 1번 핀에 연결해 주세요.

3. LED를 센서:엣지 2번 핀에 연결해 주세요.

하드웨어가 완성되었습니다. 이제 소프트웨어를 준비해 볼까요?

소프트웨어 따라 하기

1. 마이크로비트 블록 코딩 에디터를 실행하고, **OLED** 꾸러미에서 **initialize OLED with width '128' height '64'** 블록을 가져와 **시작하면 실행** 블록에 넣습니다. 그리고 **핀** 꾸러미의 **더 보기**를 클릭하여 **'P0'의 저항을 pull-'up'으로 설정** 블록을 가져와 연결하고 'P0'를 'P1'으로 바꿉니다. 이는 OLED의 해상도를 64 × 128로 설정하고, 충돌 센서를 풀업 저항으로 만들어 센서가 제대로 동작하게 만듭니다.

> **tip**
> OLED 꾸러미는 '프로젝트 09'에서 다루었습니다. 자세한 내용은 103쪽을 참고해 주세요.

2. 이제 **논리** 꾸러미의 **만약(if) '참(true)'이면(then) 실행 / 아니면(else) 실행** 블록을 가져와 **무한반복 실행** 블록에 넣습니다. 그리고 **참(true)** 부분에 **논리** 꾸러미에서 **'0' '<' '0'** 블록을 가져와 넣고, 부등호를 '='로 바꿉니다. 그리고 첫 번째 '0' 자리에 **핀** 꾸러미에서 **'P0'의 디지털 입력 값** 블록을 가져와 넣고 'P0'을 'P1'로 바꾼 뒤, 두 번째 '0'은 '1'로 바꿉니다.

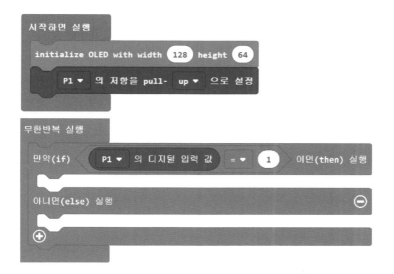

3. 그리고 **OLED** 꾸러미에서 **show string "Hello, OLED!"** 블록을 두 개 가져와 그림과 같이 하나씩 넣고, 각각 'Warning!'과 'Safe!'로 고칩니다. 이 코드는 충돌 감지 센서가 떨어지면(OFF) OLED에 'Warning!'을 출력하고, 떨어지지 않으면(ON) 'Safe!'를 출력합니다.

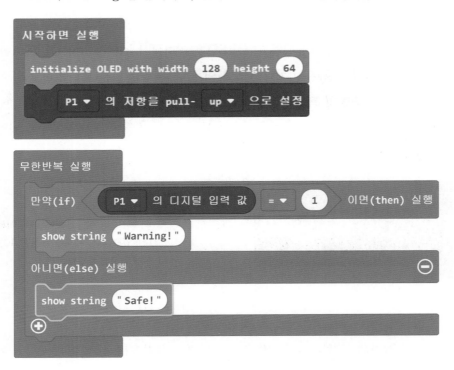

4. 먼저, 충돌 감지 센서가 떨어지면 LED를 깜빡이게 하는 코딩을 해보겠습니다. **반복** 꾸러미에서 **반복(while): '참(true)'인 동안 실행** 블록을 가져와 **show string 'Warning!'** 블록 아래에 조립합니다. 그리고 **3**에서 만든 **'P0'의 디지털 입력 값 = '1'** 블록을 복사하여 **참(true)** 자리에 넣습니다. 이어서 **핀** 꾸러미에서 **'P0'에 디지털 값 '0' 출력** 블록을 두 개 가져와 'P0'를 'P2'로 바꾸고, 출력 값을 각각 '0'과 '1'로 설정합니다. 그리고 **기본** 꾸러미에 있는 **일시중지 '100' (ms)** 블록을 두 개 가져와 다음 그림과 같이 넣어줍니다.

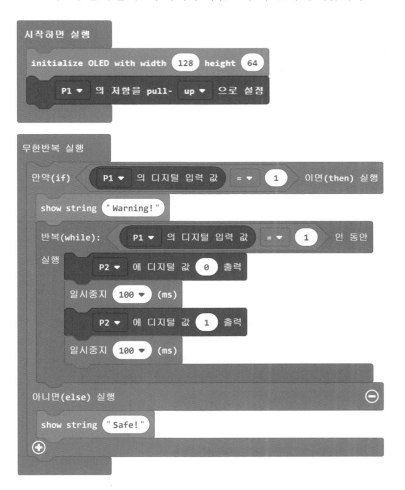

tip 반복문(while)은 일정한 조건을 만족할 때까지 어떤 동작을 반복할 때 사용합니다. 즉, '참(true)'인 조건을 만족하는 동안은 반복문 안에 있는 동작을 무한 반복합니다.

5. 마지막으로, 충돌 감지 센서가 떨어지지 않으면 마이크로비트에 '하트' 모양 아이콘을 출력하도록 해보겠습니다. **반복** 꾸러미에서 **반복(while): '참(true)'인 동안 실행** 블록을 가져와 **show string 'Safe!'** 블록 아래에 조립합니다. **4**에서 **'P0'의 디지털 입력 값 = '1'** 블록을 복사하여 **참(true)** 자리에 넣고, 숫자 '1'은 '0'으로 고칩니다. 그리고 **기본** 꾸러미에 있는 **아이콘 출력** 블록을 가져와 '하트' 모양으로 설정합니다.

자, 이제 소프트웨어 코딩을 마쳤습니다. 이 코드를 마이크로비트에 업로드하여 테스트해 보세요.

시작하면 실행

initialize OLED with width `128` height `64` ●┄┄┄┄┄┄┄┄● OLED 해상도 설정

`P1 ▼` 의 저항을 pull- `up ▼` 으로 설정 ●┄┄┄┄┄● 충돌 센서의 풀업 저항 설정

무한반복 실행

만약(if) `P1 ▼` 의 디지털 입력 값 `= ▼` `1` 이면(then) 실행 ●┄┄● 충돌 센서가 떨어지면(OFF)

show string `"Warning!"` ●┄┄┄● OLED에 'Warning!' 출력

반복(while): `P1 ▼` 의 디지털 입력 값 `= ▼` `1` 인 동안 ●┄● 충돌 센서가 떨어지면(OFF)

실행 `P2 ▼` 에 디지털 값 `0` 출력

일시중지 `100 ▼` (ms) ┆

┆ ● 0.1초마다 LED 점등

`P2 ▼` 에 디지털 값 `1` 출력

일시중지 `100 ▼` (ms) ┆

아니면(else) 실행 ⊖ ●┄┄● 충돌 센서가 떨어지지 않으면(ON)

show string `"Safe!"` ●┄┄┄● OLED에 'Safe!' 출력

반복(while): `P1 ▼` 의 디지털 입력 값 `= ▼` `0` 인 동안 ●┄● 충돌 센서가 떨어지지 않으면(ON)

실행 아이콘 출력 `▦ ▼` ●┄┄┄● 마이크로비트에 '하트' 모양 출력

⊕

첫 번째 블록 코드는 OLED의 해상도를 결정하고, 충돌 센서를 풀업 저항으로 만들어 센서가 동작하게 합니다. 두 번째 블록 코드는 누군가 가방을 움직여 충돌 감지 센서가 떨어지면(OFF) OLED에 'Warning!'을 출력하고 0.1초마다 LED를 깜빡입니다.

프로젝트 정복하기

지니어스키트로 배우는
마이크로 비트

프로젝트 #12

내 물건을 훔친다고?
도어락 경보기!

▶ 동영상 보기

http://m.site.naver.
com/0tarA

주의사항

충돌 감지 센서와 LED가 잘 동작하나요? 만약 잘 동작하지 않는다면 다음과 같은 사항을 확인해 보세요.

• 충돌 감지 센서와 LED 모듈이 잘 연결되어 있는지 확인해 보세요.
• 코드 블록 순서를 알맞게 연결했는지 확인해 보세요.

상상력 키우기

이 프로젝트를 잘 이해했다면 다음 문제를 풀어보세요.

• 잠금 장치가 해제되면 소리가 나도록 해보세요.
• **변수** 꾸러미를 이용해서 도둑이 몇 초 동안 침입했는지 OLED에 표시해 보세요.

가스 센서를 이용하여 경고 LED 켜기

수준

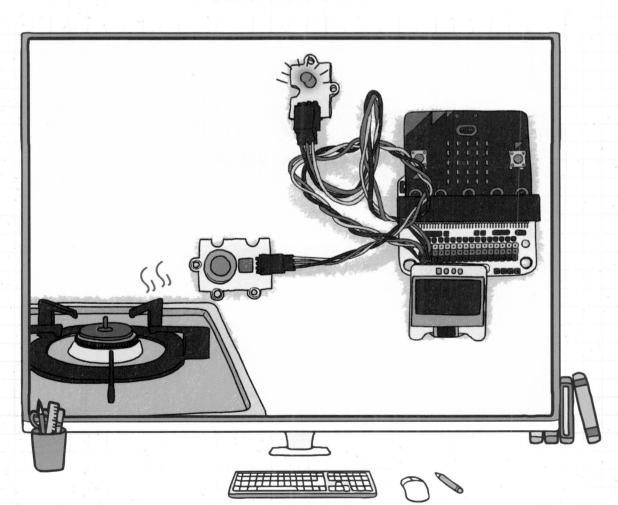

✓ **학습 목표**

마이크로비트와 가스 센서를 이용해 가스가 누출되면 경고 LED를 켜보자.

✓ **핵심 키워드**

마이크로비트, 가스 센서, LED 모듈, OLED

✓ **준비물**

마이크로비트   센서:엣지   OLED   가스 센서

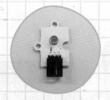

LED 모듈   알코올 솜(또는 알코올 병)

✓ **학습 시간**

하드웨어 설정하기: 5분
소프트웨어 코딩하기: 10분

하드웨어 따라 하기

먼저, 하드웨어의 조립 순서도를 알아볼까요?

1. 마이크로비트와 센서:엣지를 연결하고, 센서:엣지 하단에 OLED 디스플레이를 연결합니다.

2. 센서:엣지의 1번 핀에 가스 센서를 연결하고, 2번 핀에 LED를 연결합니다.

3. 다음 그림처럼 알코올을 적신 솜이나 알코올 병에 센서를 올려 두고, OLED에 표시되는 센서의
수치가 변하는지 확인합니다.

하드웨어가 완성되었습니다. 이제, 소프트웨어를 코딩해 볼까요?

소프트웨어 따라 하기

1. 마이크로비트 블록 코딩 에디터를 실행하고, **OLED** 꾸러미에서 **initialize OLED with width '128' height '64'** 블록을 가져와 **시작하면 실행** 블록에 넣습니다.

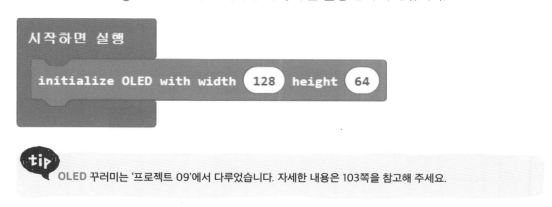

> **tip**
> OLED 꾸러미는 '프로젝트 09'에서 다루었습니다. 자세한 내용은 103쪽을 참고해 주세요.

2. 그리고 **show (without newline) string "hello, OLED!"** 블록을 가져와 **무한반복 실행** 블록에 넣고, 'Hello, OLED!'를 'The number is '라는 문장으로 바꿔주세요. OLED에 출력되는 문자를 보기 편하도록 마지막에 띄어쓰기를 해주세요.

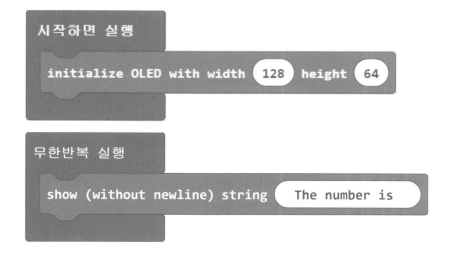

3. 이어서, 숫자를 출력하기 위한 블록 **show (without newline) number '0'** 블록을 넣어주세요. 그리고 '0' 자리에 **핀** 꾸러미에서 **'P0'의 아날로그 입력 값** 블록을 넣고 'P0'를 'P1'으로 바꿔주세요.

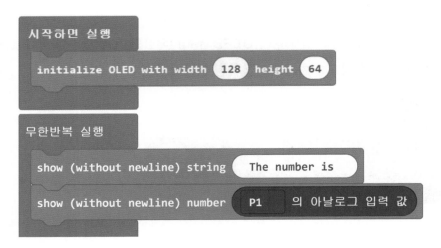

4. 다음에는 **논리** 꾸러미에서 **만약(if) '참(true)'이면(then) 실행 / 아니면(else) 실행** 블록을 가져오세요. 그리고 **참(true)** 자리에 **논리** 꾸러미의 **'0' '<' '0'** 블록을 넣어주세요.

5. 이어서 '**0**' '**<**' '**0**' 블록의 첫 번째 '0' 자리에는 **핀 꾸러미**에서 '**P0'의 아날로그 입력 값** 블록을 넣고 'P0'를 'P1'으로 바꿔주세요. 그리고 비교 연산자를 '≥' 표시로 바꾸고, 두 번째 '0' 자리에 숫자 '500'을 넣어주세요.

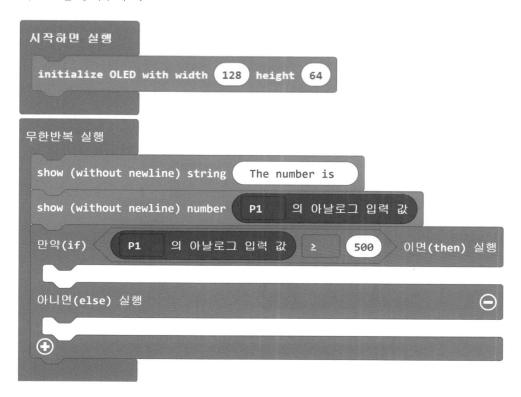

> **tip**
> 숫자 '500'은 알콜이 있고 없음을 감지하기 위한 기준입니다. 정확한 기준을 잡기 위해서는 146쪽의 '하드웨어 따라 하기' **3**에서 OLED에 표시되는 아날로그 입력 값을 넣어주세요!

6. 조건이 참일 때 실행할 블록으로는 **핀** 꾸러미에서 **'P0'에 디지털 값 '0' 출력** 블록을 가져와 넣고, 'P0'를 'P2'로, '0'을 '1'로 바꿔주세요. 그리고 **OLED** 꾸러미에서 **insert newline** 블록을 추가해 주세요.

💬tip
insert newline 블록은 '줄 넘김'이라는 뜻으로 키보드의 엔터 같은 역할을 합니다. 이 블록을 사용하면 기존에 작성했던 줄의 다음 줄로 넘어가서 글을 작성할 수 있습니다.

7. 조건이 거짓일 때 실행할 블록도 **6**과 같은 블록을 사용하겠습니다. 다만, 출력 값을 '0'으로 바꿔 주세요.

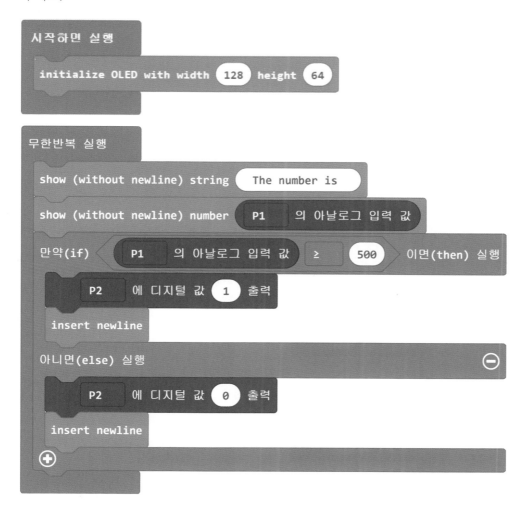

자, 이제 소프트웨어 코딩을 마쳤습니다. 이 코드를 마이크로비트에 업로드하여 테스트해 보세요.

전체 알고리즘 살펴보기

시작하면 실행

initialize OLED with width **128** height **64** •········• 사용할 OLED 크기 설정

무한반복 실행

show (without newline) string   The number is   •········• 설정한 문장을 OLED에 출력

show (without newline) number   **P1**   의 아날로그 입력 값   ••·······• 가스 센서가 감지한 값을
                                                              OLED에 출력

만약(if)   **P1**   의 아날로그 입력 값   **≥**   **500**   이면(then) 실행

   P2   에 디지털 값   **1**   출력   •········• 센서 감지 값이 500보다 크거나
                                                              같으면 LED를 켜고

insert newline   •········• OLED에 표시되는 센서 값이 새로운 줄에 출력되도록 줄바꿈

아니면(else) 실행   ⊖

   P2   에 디지털 값   **0**   출력   •········• 센서 감지 값이 500보다 작으면
                                                              LED를 끔

insert newline

⊕

이 블록 코드는 알콜 수치가 얼마인지 OLED에 표시하고, 알콜 수치가 500 이상이면 위험하다는 신호로 'LED'를 밝히고, 알콜 수치가 500 이하로 낮아지면 LED를 끕니다.

프로젝트 정복하기

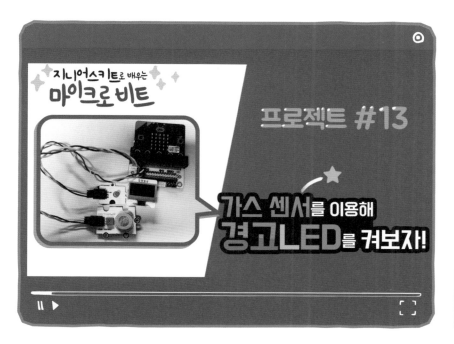

▶ 동영상 보기

http://m.site.naver.com/0tarB

주의사항

가스 센서와 LED가 잘 동작하나요? 만약 잘 동작하지 않는다면 다음과 같은 사항을 확인해 보세요.

- 전원이 제대로 연결되었는지 확인해 보세요. 올바르지 않은 전원을 사용하면 전원이 켜지지 않을 수 있어요.
- 코드 블록이 올바른 순서대로 조립되었는지 확인해 보세요.
- 사용하는 모듈들을 올바르게 설정했는지 확인해 보세요.

상상력 키우기

이 프로젝트를 잘 이해했다면 다음 문제를 풀어보세요.

- 센서:엣지의 부저를 이용해 경고음을 울려보세요.
- 부저 경고음과 LED 모듈 경고등에 패턴을 만들어보세요.

너, 나랑 밀당하니?
밀당 로봇

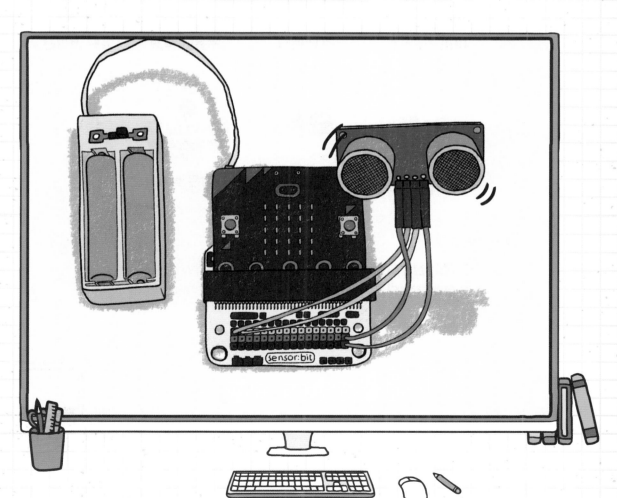

☑️ **학습 목표**

마이크로비트와 초음파 센서를 사용하여 장애물을 감지하는 밀당 로봇을 만들어
보자.

☑️ **핵심 키워드**

마이크로비트, 초음파 센서

☑️ **준비물**

마이크로비트

센서:엣지

초음파 센서

가닥 점퍼선 4개

배터리 홀더

건전지

작은 상자

☑️ **학습 시간**

하드웨어 설정하기: 5분
소프트웨어 코딩하기: 15분

하드웨어 따라 하기

먼저, 하드웨어의 조립 순서도를 알아볼까요?

센서:엣지 연결하기 → 초음파 센서 연결하기 → 배터리 홀더 연결하기 → 밀당 로봇 만들기

1. 다음 그림과 같이 센서:엣지와 마이크로비트, 배터리 홀더를 연결합니다.

2. 초음파 센서에 가닥 점퍼선 4개를 연결해 주세요.

3. 초음파 센서의 Trig에 연결된 선은 센서:엣지 1번 핀의 노란색 신호 단자에 연결하고, Echo에 연결된 선은 2번 핀의 노란색 신호 단자에 연결해 주세요. 그리고 Gnd에 연결된 선은 센서:엣지의 검은색 G 단자에 연결하고, Vcc에 연결된 선은 빨간색 V 단자에 연결해 주세요(여기서는 16번 핀에 연결했는데, 다른 핀 번호에 꽂아도 됩니다. 다만, 두 선을 같은 번호에 꽂아야 합니다).

4. 마지막으로, 로봇의 몸통을 만들어보겠습니다. 다음 그림과 같이 작은 상자에 두 개의 틈을 만들어 마이크로비트와 센서:엣지, 초음파 센서를 넣습니다. 틈을 만들기 위해 칼을 사용할 때는 다치지 않도록 조심해야 합니다. 여러분은 아래 그림보다 더 멋진 밀당 로봇을 만들어보세요.

하드웨어가 완성되었습니다. 이제, 소프트웨어를 코딩해 볼까요?

소프트웨어 따라 하기

1. 마이크로비트 블록 코딩 에디터를 실행합니다. 먼저, 초음파 센서를 사용하기 위해서는 'sonar'라는 확장 프로그램을 추가해야 합니다. **고급-확장**을 누르고 'sonar'를 검색하여 추가해 주세요.

2. 초음파 센서로 측정한 값을 저장하기 위해 **변수** 꾸러미에서 '거리' 변수를 만들어주세요. 그리고 **변수** 꾸러미에서 **'거리'에 '0' 저장** 블록을 가져와 **무한반복 실행** 블록에 넣습니다. 여기서는 **시작하면 실행** 블록을 사용하지 않으므로 삭제해 주세요.

3. sonar 꾸러미에는 블록이 하나뿐입니다. **ping trig 'P0' / echo 'P0' / unit 'μs'** 블록을 추가한 후 다음과 같이 trig와 echo를 변경해 주세요. unit은 초음파 센서를 통해 얻은 값을 무엇으로 출력할지 정하는 기능인데, 우리는 센티미터(cm) 표기가 익숙하므로 'cm'로 변경하겠습니다.

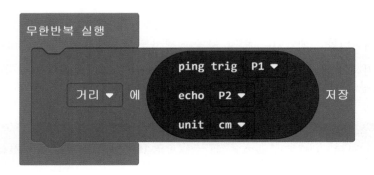

4. 이어서 **논리** 꾸러미에서 **만약(if) '참(true)'이면(then) 실행 / 아니면(else) 실행** 블록과 **'0' '<' '0'** 블록을 추가해 주세요. 그리고 **거리** 변수를 추가한 후, 원하는 측정 거리로 변경해 주세요. 여기서는 4cm로 설정했습니다.

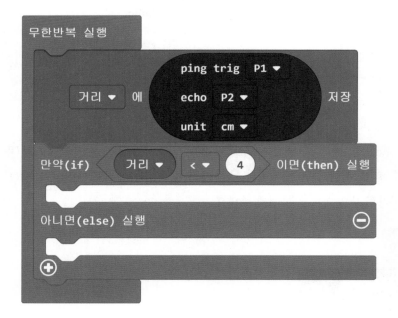

5. 센서와 장애물 사이의 거리가 4cm 미만이 되면 경고음을 울리기 위해 **음악** 꾸러미에서 **'도' '1'** **박자 출력** 블록을 가져오세요. 박자는 긴급한 느낌을 연출하기 위해 '1/2'로 설정했습니다. 그리고 **기본** 꾸러미에서 **아이콘 출력** 블록을 사용하여 'X' 모양을 출력하도록 했습니다.

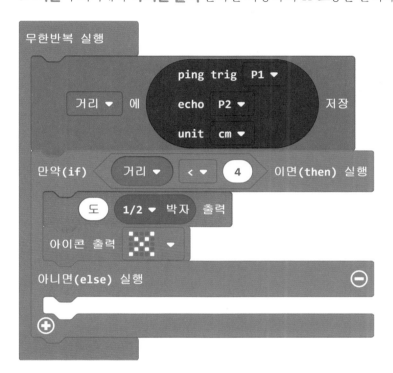

6. 거리가 4cm 이상이면 소리 출력을 멈추고 'X' 모양 대신 '하트' 모양 아이콘을 출력하도록 다음과 같이 코딩해 주세요.

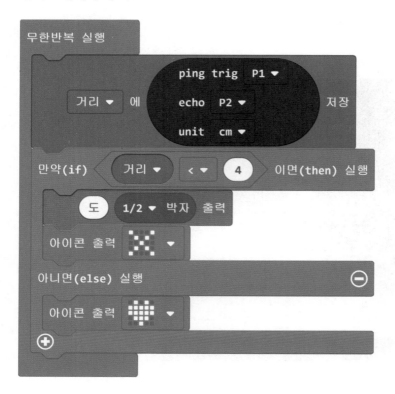

자, 이제 소프트웨어 코딩을 마쳤습니다. 이 코드를 마이크로비트에 업로드하여 테스트해 보세요.

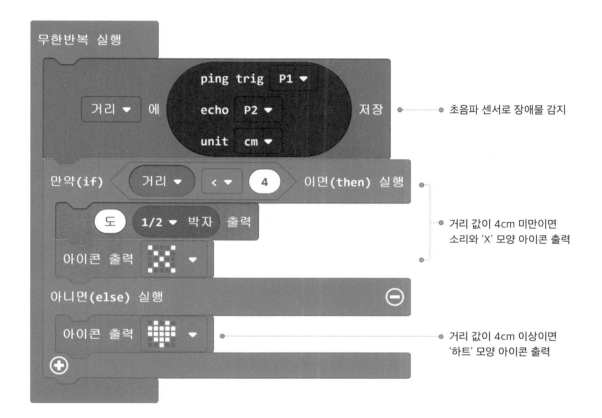

무한반복 실행

거리 ▼ 에   ping trig P1 ▼
           echo P2 ▼   저장   ● 초음파 센서로 장애물 감지
           unit cm ▼

만약(if) 거리 ▼ < ▼ 4 이면(then) 실행

도 1/2 ▼ 박자 출력   ● 거리 값이 4cm 미만이면
                                      소리와 'X' 모양 아이콘 출력
아이콘 출력 ▼

아니면(else) 실행 ⊖

아이콘 출력 ▼   ● 거리 값이 4cm 이상이면
                                      '하트' 모양 아이콘 출력

이 블록 코드는 '거리'라는 변수를 만들어 초음파 센서를 통해 장애물과의 거리를 저장하여 그 거리가 4cm 이하이면 경고음을 내고 마이크로비트에 'X' 표시를 합니다. 반면, 거리가 4cm 이상이면 마이크로비트에 '하트'를 표시합니다.

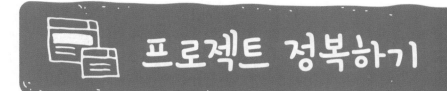

프로젝트 정복하기

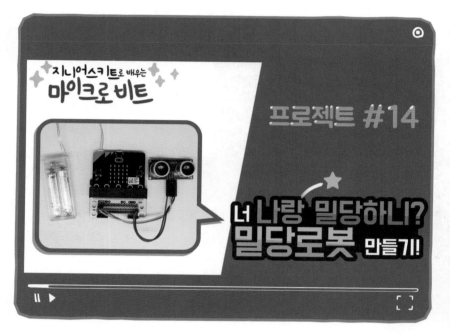

▶ 동영상 보기

http://m.site.naver.com/0tarC

주의사항

초음파 센서와 마이크로비트가 잘 동작하나요? 만약 잘 동작하지 않는다면 다음과 같은 사항을 확인해 보세요.

- 상자 안에 넣은 부품들이 잘 연결되어 있는지 확인해 보세요.
- 배선한 핀 번호와 코딩 속 핀 설정이 같은지 확인해 보세요.

상상력 키우기

이 프로젝트를 잘 이해했다면 다음 문제를 풀어보세요.

- 거리 조건을 더 다양하게 코딩해 보세요.
- 지니어스키트의 OLED를 사용하여 거리 값을 출력해 보세요.

1+1은?
계산기 만들기

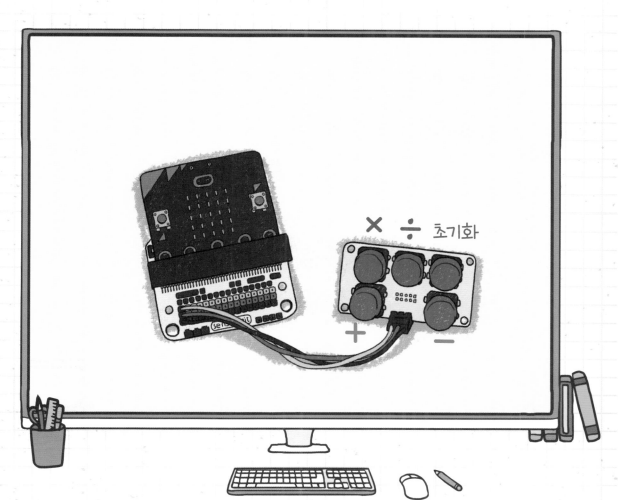

☑ 학습 목표

마이크로비트에 내장된 푸시 버튼과 ADKey로 계산기를 만들어보자.

☑ 핵심 키워드

마이크로비트, ADKey

☑ 준비물

마이크로비트　　　　센서:엣지　　　　ADKey　　　　삼색 점퍼선

☑ 학습 시간

하드웨어 설정하기: 5분
소프트웨어 코딩하기: 15분

하드웨어 따라 하기

먼저, 하드웨어의 조립 순서도를 알아볼까요?

1. 센서:엣지와 마이크로비트를 연결합니다.

2. ADKey 모듈을 센서:엣지 1번 핀에 연결합니다.

하드웨어가 완성되었습니다. 간단하죠?

소프트웨어 따라 하기

I. 마이크로비트 블록 코딩 에디터를 실행합니다. 먼저, ADKey 각 버튼의 입력 값을 확인하는 코딩을 해보겠습니다. **기본** 꾸러미에서 **수 출력 '0'** 블록을 가져와 **무한반복 실행** 블록에 넣습니다. (**시작하면 실행** 블록은 필요하지 않으므로 지웁니다.) **핀** 꾸러미에서 **'P0'의 아날로그 입력 값** 블록을 가져와 '0' 자리에 추가해 주세요. 핀 번호는 하드웨어 따라 하기에서 배선한 핀 번호에 맞게 바꿔주세요. 여기서는 1번에 배선했으므로 'P1'으로 변경했습니다.

2. I을 마이크로비트에 업로드한 후 ADKey의 각 버튼을 눌러보세요. 버튼을 누를 때마다 다른 숫자가 디스플레이에 출력되는 것을 확인할 수 있습니다. 이 값은 개인의 ADKey마다 다를 수 있어요. 각 버튼을 눌렀을 때 디스플레이에 출력되는 숫자를 잘 기록해 두세요.

3. ADKey 버튼의 값을 확인했으니 본격적인 코딩을 시작하겠습니다. '새 프로젝트'를 시작하고 **반복** 꾸러미에서 **반복(while): '참(true)'인 동안 실행** 블록을 가져와 **시작하면 실행** 블록에 넣어주세요.

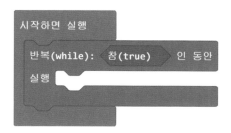

4. 먼저, 내장 푸시버튼 두 개를 사용하여 계산기에서 숫자를 입력하는 부분을 코딩하겠습니다. **논리** 꾸러미에서 **만약(if) '참(true)' 이면(than) 실행** 블록을 푸시버튼의 개수만큼(2개) 가져오세요. 그리고는 **입력** 꾸러미에서 **'A' 눌림 상태** 블록을 가져와 각각 'A'와 'B'로 설정해 주세요.

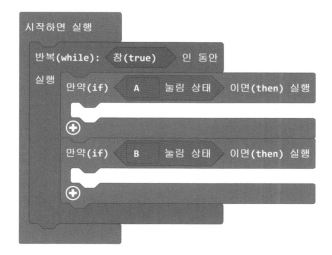

5. 마이크로비트에는 숫자를 입력할 수 있는 기능이 없으므로 푸시 버튼을 눌러 숫자를 하나씩 증가시켜 원하는 숫자를 입력하도록 해보겠습니다. 일단, 누른 횟수를 저장하기 위해 **변수** 꾸러미의 '변수 만들기'를 통해 'A'와 'B' 변수를 만듭니다. 그 다음 **변수** 꾸러미에서 **'A' 값 '1' 증가** 블록을 가져와 A 버튼에는 A 변수로, B 버튼에는 B 변수로 설정해 주세요.

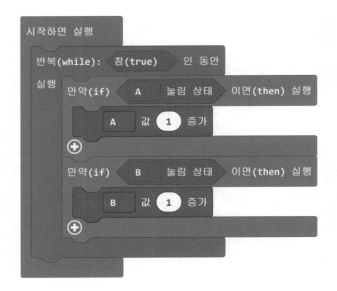

6. 그리고 **기본** 꾸러미에서 **수 출력 '0'** 블록을 그림과 같이 두 개 추가하고 '0' 자리에 **변수** 꾸러미에 있는 **A, B** 블록을 각각 넣어주세요. 이 코드는 버튼을 누를 때마다 각 변수의 값이 1씩 증가하고, 증가한 값을 디스플레이로 출력합니다.

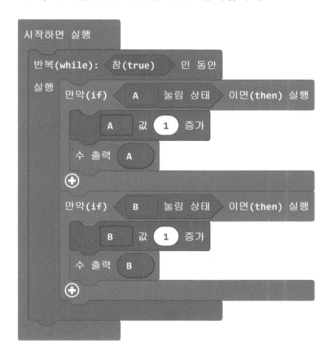

7. 지금부터는 ADKey의 버튼을 연산 기능으로 사용하는 코딩을 해보겠습니다. 먼저, A 버튼을 '덧셈' 버튼으로 만들겠습니다. **논리** 꾸러미에서 **만약(if) '참(true)' 이면(than) 실행** 블록과 **'0' '<' '0'** 블록을 추가합니다. 첫 번째 '0' 자리에는 **핀** 꾸러미에서 **'P0'의 아날로그 입력 값** 블록을 가져와 'P0'를 'P1'으로 변경합니다. 두 번째 '0' 자리는 **2**에서 확인한 A 버튼의 값보다 ±2 값으로 설정해 주세요. 여기서는 '4'로 설정하겠습니다.

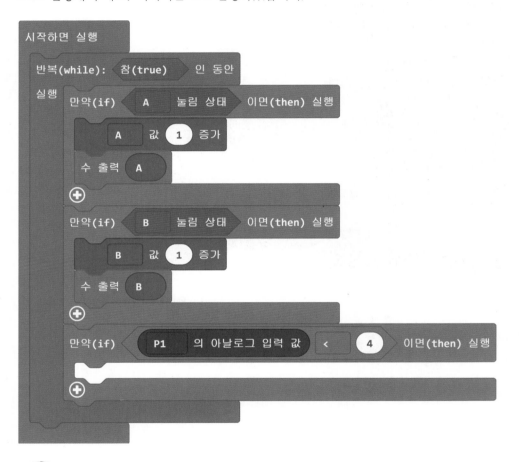

tip
ADKey의 버튼에는 저항이 하나씩 달려 있어 전기를 연결했을 때 측정되는 전류 값이 달라집니다. ADKey에 달려 있는 A, B, C, D, E 버튼 중 A는 전기의 흐름을 방해하는 저항이 5개 달려 있어 적은 아날로그 입력 값이 나오고, E는 저항이 하나밖에 없어 높은 아날로그 입력 값이 나옵니다. 여기서 ±2 값을 설정하는 이유는 ADKey 5개의 버튼을 사용할 때 서로 방해받지 않고 높은 정확도를 갖기 위함입니다.

8. A 버튼은 '덧셈'이라는 것을 표현하기 위해 **기본** 꾸러미에서 **LED 출력** 블록을 가져와 '+' 모양으로 표시했습니다. 이제 실제로 A와 B를 더한 값을 나타내기 위해 **기본** 꾸러미에서 **수 출력 '0'** 블록을 가져온 후 **계산** 꾸러미에서 **'0' '더하기(+)' '0'** 블록을 추가해 주세요. 그다음 **변수** 꾸러미에서 **A**와 **B** 블록을 추가해 주세요. 이 코드는 마이크로비트 내장 푸시버튼 A와 B로 만든 각각의 숫자를 덧셈하여 디스플레이에 출력해 줍니다.

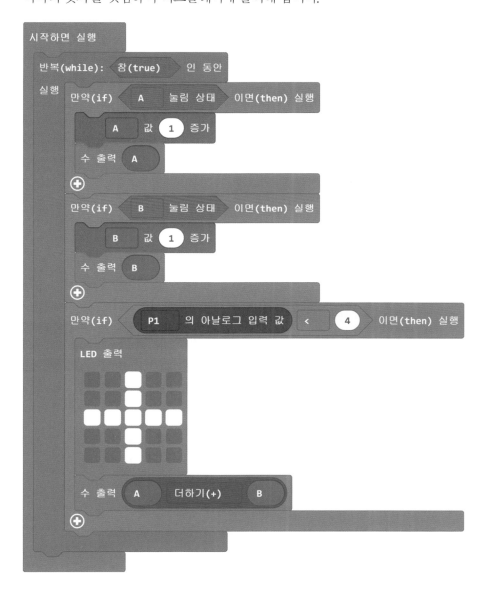

9. 다음으로, B 버튼에 뺄셈을 코딩해 보겠습니다. 앞에서 했던 방식과 동일하니 쉽게 따라 할 수 있을 거예요. **논리** 꾸러미에서 **만약(if) '참(true)'이면(than) 실행** 블록과 **'0' '그리고(and)' '0'** 블록을 가져오세요. **'0' '그리고(and)' '0'** 블록은 '그리고' 앞뒤에 있는 조건을 모두 충족해야 실행 가능한 조건문이에요. ADKey 입력 값의 범위는 높은 정확도를 위해 ±2로 설정해 주세

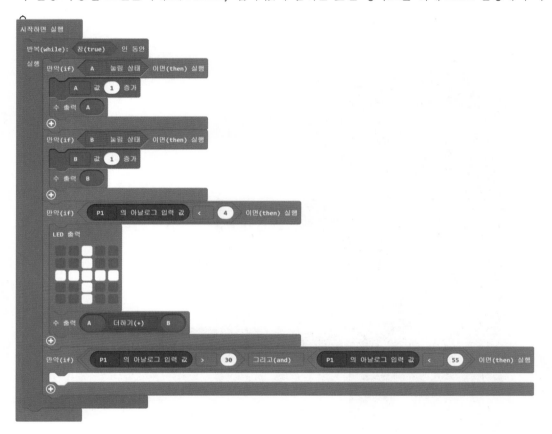

10. 기본 꾸러미에서 **LED 출력** 블록과 **수 출력 '0'** 블록, **계산** 꾸러미에서 **'0' '더하기(+)' '0'** 블록을 가져와 추가하고, **8**을 참고하여 다음과 같이 코딩해 보세요. 뺄셈이므로 빼기(-) 기호로 변경해야겠죠?

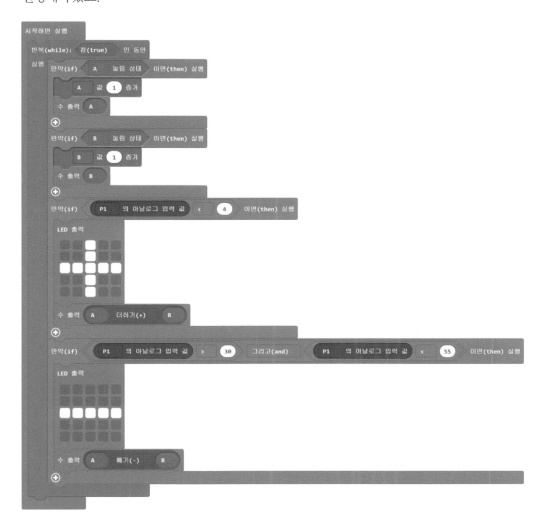

11. 곱셈과 나눗셈도 10과 같은 방법으로 코딩해 주세요.

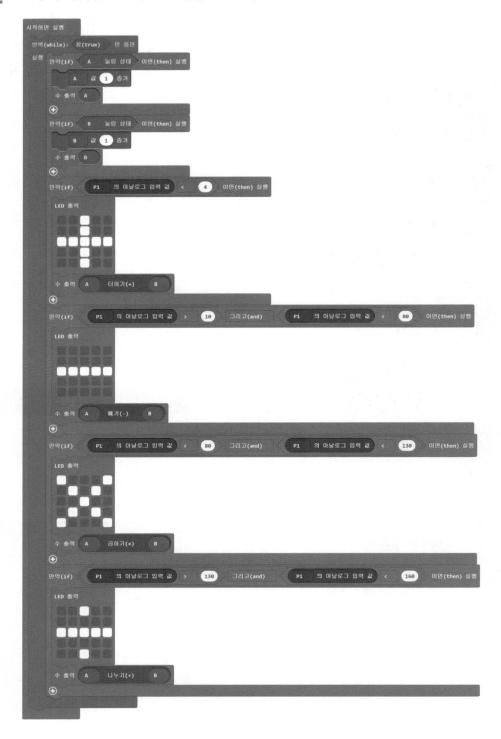

12. 마지막 버튼인 'E'는 초기화 버튼으로 사용해 보겠습니다. **논리** 꾸러미에서 **만약(if) '참(true)' 이면(than) 실행** 블록과 **'0' '그리고(and)' '0'** 블록을 가져와 **변수** 꾸러미에서 **'A' 값 '0' 저장** 블록을 사용하여 각 변수에 저장된 값을 0으로 초기화해 주세요. 그리고 **기본** 꾸러미에서 **LED 스크린 지우기** 블록을 사용하여 디스플레이에 출력된 값을 지웁니다.

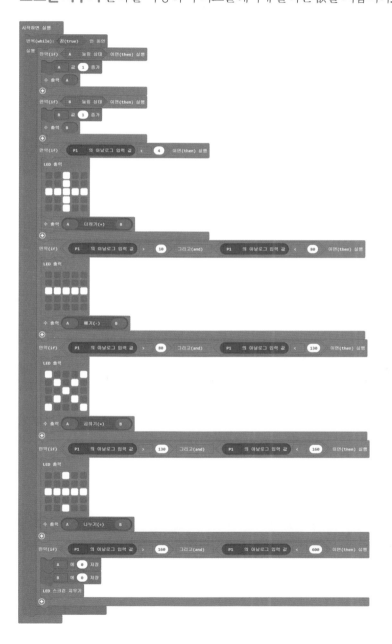

자, 이제 소프트웨어 코딩을 마쳤습니다. 이 코드를 마이크로비트에 업로드하여 테스트해 보세요.

전체 알고리즘 살펴보기

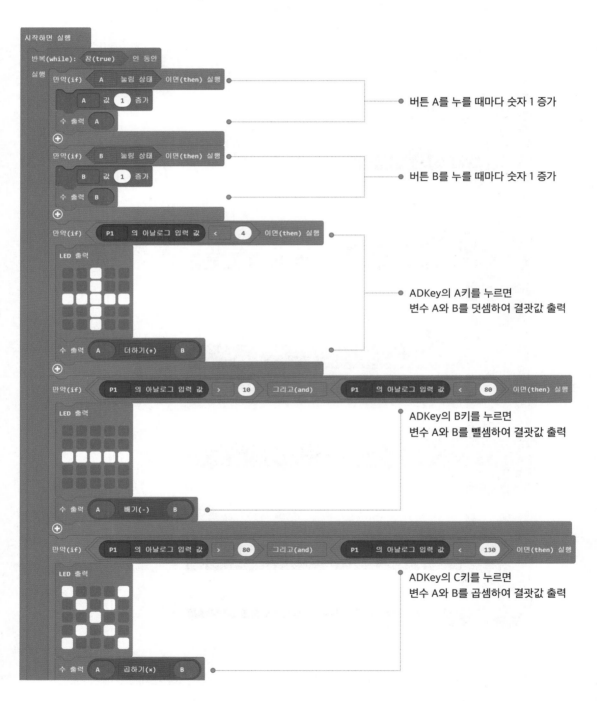

시작하면 실행

반복(while): 참(true) 인 동안

실행

만약(if) A 눌림 상태 이면(then) 실행

A 값 1 증가

수 출력 A

⊕

● 버튼 A를 누를 때마다 숫자 1 증가

만약(if) B 눌림 상태 이면(then) 실행

B 값 1 증가

수 출력 B

⊕

● 버튼 B를 누를 때마다 숫자 1 증가

만약(if) P1 의 아날로그 입력 값 < 4 이면(then) 실행

LED 출력

수 출력 A 더하기(+) B

⊕

● ADKey의 A키를 누르면
변수 A와 B를 덧셈하여 결괏값 출력

만약(if) P1 의 아날로그 입력 값 > 10 그리고(and) P1 의 아날로그 입력 값 < 80 이면(then) 실행

LED 출력

수 출력 A 빼기(-) B

⊕

ADKey의 B키를 누르면
변수 A와 B를 뺄셈하여 결괏값 출력

만약(if) P1 의 아날로그 입력 값 > 80 그리고(and) P1 의 아날로그 입력 값 < 130 이면(then) 실행

LED 출력

수 출력 A 곱하기(×) B

ADKey의 C키를 누르면
변수 A와 B를 곱셈하여 결괏값 출력

만약(if) **P1** 의 아날로그 입력 값 > 130 그리고(and) **P1** 의 아날로그 입력 값 < 160 이면(then) 실행

LED 출력

수 출력 A 나누기(÷) B

ADKey의 D키를 누르면
변수 A와 B를 나눗셈하여 결괏값 출력

만약(if) **P1** 의 아날로그 입력 값 > 160 그리고(and) **P1** 의 아날로그 입력 값 < 600 이면(then) 실행

A 에 0 저장

B 에 0 저장

LED 스크린 지우기

ADKey의 E키를 누르면
변수에 저장된 값 초기화

이 코드는 먼저 마이크로비트의 내장 버튼 A와 B를 눌러 원하는 숫자 두 개를 만들어 변수 A와 B에 저장합니다(버튼을 누를 때마다 각 변수 값이 1씩 증가). 그리고 ADKey의 A 버튼을 누르면 변수 A와 B를 합한 값을 출력하고, B 버튼을 누르면 변수 A와 B를 뺄셈한 값을 출력하고, C 버튼을 누르면 변수 A와 B를 곱한 값을 출력하고, D 버튼을 누르면 변수 A와 B를 나눈 값을 출력합니다. 마지막으로, E 버튼을 누르면 모든 변수에 저장된 값을 초기화합니다.

프로젝트 정복하기

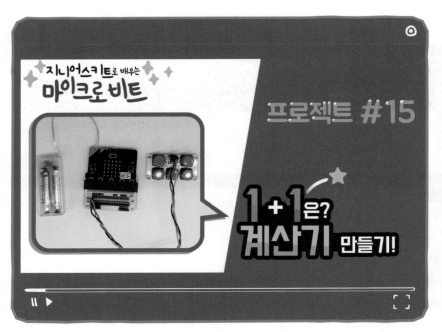

지니어스키트로 배우는 **마이크로비트**

프로젝트 #15

1+1은? 계산기 만들기!

▶ 동영상 보기

http://m.site.naver.com/0tarE

주의사항

사칙연산이 올바르게 계산되나요? 만약 마이크로비트가 잘 동작하지 않거나 연산 결과가 틀렸다면 다음과 같은 사항을 확인해 보세요.

- USB 케이블이나 배터리 홀더를 제대로 연결했는지 확인해 보세요.
- 코드가 올바른 순서로 조립되었는지 확인해 보세요. 특히, '0' '그리고(and)' '0' 블록과 '0' '<' '0' 블록에 설정한 부등호와 숫자를 다시 한번 확인해 보세요.

상상력 키우기

이 프로젝트를 잘 이해했다면 다음 문제를 풀어보세요.

- OLED를 사용하여 계산식과 결괏값을 출력해 보세요.
- 조금 더 어려운 사칙연산을 코딩해 보세요.

우리 강아지
급식기 만들기

☑ 학습 목표

PIR 모션 감지 센서와 서보 모터를 이용하여 강아지 급식기를 만들어보자.

☑ 핵심 키워드

마이크로비트, 센서:엣지, 서보 모터, PIR 모션 감지 센서

☑ 준비물

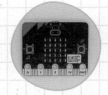  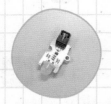 

마이크로비트   센서:엣지   PIR 모션 감지 센서   서보 모터(날개 포함)

우드락   페트병   병뚜껑 2개   나무 꼬치

☑ 학습 시간

하드웨어 설정하기: 20분
소프트웨어 코딩하기: 15분

하드웨어 따라 하기

먼저, 하드웨어의 조립 순서도를 알아볼까요?

강아지 급식기 만들기 ➡ 센서:엣지 연결하기 ➡ PIR 모션 감지 센서 연결하기

1. 우선, 급식기에 연결할 먹이통을 만들겠습니다. 병뚜껑의 가운데를 뚫고 나무 꼬치를 꽂아 회전
축을 만들어줍니다. (부모님이나 선생님께 송곳을 이용하여 구멍을 뚫어달라고 부탁하세요. 손 조심!)

2. 다른 병뚜껑에는 서보 모터 날개를 붙이고, 페트병에는 먹이가 나올 수 있는 구멍을 뚫어 다음
과 같이 먹이통을 완성해 주세요. (먹이통은 칼을 사용하여 조심히 뚫어주세요.)

3. 다음으로, 먹이통을 고정시킬 기둥과 먹이가 그릇으로 잘 내려올 수 있도록 미끄럼틀을 만들어 주세요. 그리고 그림과 같이 한쪽 기둥을 뚫어 먹이통을 연결할 서보 모터를 붙여주세요.

4. 센서:엣지와 마이크로비트를 연결하여 아래 그림(왼쪽)처럼 미끄럼틀 옆에 두고, 센서:엣지 1번 핀에 PIR 모션 감지 센서를 연결하고 10번 핀에 서보 모터를 연결합니다. PIR 모션 감지 센서는 아래 그림(오른쪽)처럼 미끄럼틀 옆에 붙여주세요.

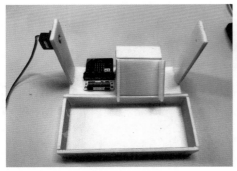 

5. 마지막으로, 먹이통에 먹이를 채워 기둥에 연결하면 완성입니다.

자, 하드웨어를 모두 완성했어요. 이제 강아지의 움직임을 인식하면 자동으로 먹이를 주는 소프트웨어를 코딩해 볼까요?

1. 마이크로비트 블록 코딩 에디터를 실행하고, 이 프로젝트에서 사용하지 않을 **시작하면 실행** 블록을 지웁니다.

2. PIR 모션 감지 센서가 인식되면 서보 모터를 동작시키는 코딩을 해보겠습니다. **논리** 꾸러미의 **만약(if) '참(true)'이면(than) 실행** 블록을 가져와 **무한반복 실행** 블록에 연결합니다.

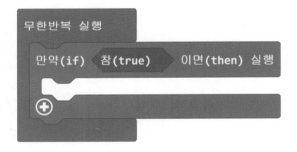

3. **고급-핀** 꾸러미의 **'P0'의 디지털 입력 값** 블록과 **논리** 꾸러미의 **'0' '=' '0'** 블록을 가져와 다음과 같이 코딩합니다.

4. 계속해서 **핀** 꾸러미의 **'P0'에 서보 값 '100' 출력** 블록과 **기본** 꾸러미의 **일시중지 '100' (ms)** 블록을 두 개씩 가져와 다음 그림과 같이 코딩해 주세요.

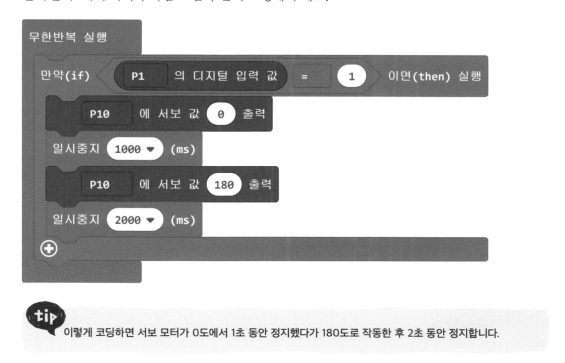

tip

이렇게 코딩하면 서보 모터가 0도에서 1초 동안 정지했다가 180도로 작동한 후 2초 동안 정지합니다.

자, 이제 소프트웨어 코딩을 마쳤습니다. 이 코드를 마이크로비트에 업로드하여 테스트해 보세요.

전체 알고리즘 살펴보기

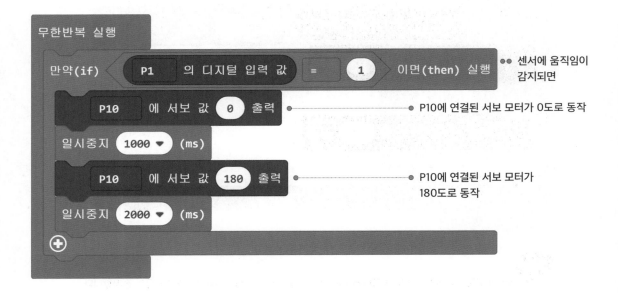

무한반복 실행

만약(if) P1 의 디지털 입력 값 = 1 이면(then) 실행 •• 센서에 움직임이 감지되면

P10 에 서보 값 0 출력 •————————• P10에 연결된 서보 모터가 0도로 동작

일시중지 1000 ▼ (ms)

P10 에 서보 값 180 출력 •————————• P10에 연결된 서보 모터가 180도로 동작

일시중지 2000 ▼ (ms)

이번 프로젝트에서는 P1에 연결된 센서에 움직임이 감지되면 P10에 연결된 서보 모터가 0도에서 180로 움직여 먹이통이 돌아가 자동으로 먹이가 나오는 급식기를 만들었습니다. PIR 모션 감지 센서에 강아지의 움직임이 감지되면, 서보 모터는 0도에서 1초 동안 정지해 있다가 180도로 움직인 뒤 2초 동안 정지하고, 다시 0도로 움직입니다.

프로젝트 정복하기

프로젝트 #16

우리 강아지♥ 급식기 만들기!

▶ 동영상 보기

http://m.site.naver.com/0tarF

주의사항

강아지 급식기가 잘 동작하나요? 만약 잘 동작하지 않는다면 다음과 같은 사항을 확인해 보세요.

- USB 케이블이나 배터리 홀더를 제대로 연결했는지 확인해 보세요.
- 배선한 핀 번호와 코딩 속 핀 설정이 같은지 확인해 보세요.
- 서보 모터 초기 각도를 0으로 놓고 먹이통을 연결해 주세요. 먹이가 빠져나올 입구도 잘 맞추어야 합니다.

상상력 키우기

이 프로젝트를 잘 이해했다면 다음 문제를 풀어보세요.

- 먹이가 나올 때 멜로디를 추가해 보세요.
- 버튼을 누르면 먹이가 나오도록 만들어보세요.

다가가면 열리는 스마트 쓰레기통

수준

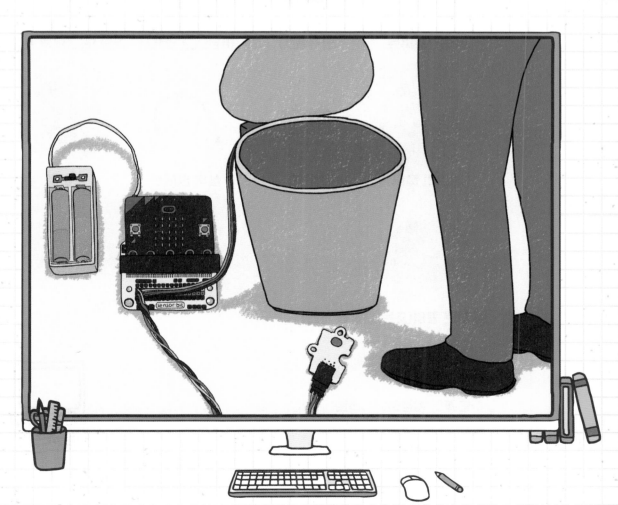

☑ **학습 목표**

아날로그 광센서와 서보 모터를 사용하여 사람이 다가가면 열리는 스마트 쓰레기통을 만들어보자.

☑ **핵심 키워드**

광센서, 서보 모터, 스마트 쓰레기통

☑ **준비물**

마이크로비트   센서:엣지   아날로그 광센서   서보 모터(날개 포함)

배터리 홀더   건전지   삼색 점퍼선   종이컵

두꺼운 종이(또는 재활용 박스)

☑ **학습 시간**

하드웨어 설정하기: 15분
소프트웨어 코딩하기: 30분

하드웨어 따라 하기

먼저, 하드웨어의 조립 순서도를 알아볼까요?

아날로그 광센서 연결하기	➡	서보 모터 연결하기	➡	쓰레기통 만들기

1. 마이크로비트와 센서:엣지를 연결하고, 마이크로비트에는 배터리 홀더를, 센서:엣지의 2번 핀에는 아날로그 광센서를 연결해 주세요.

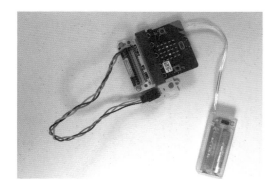

2. 다음으로, 센서:엣지의 6번 핀에 서보 모터를 연결해 주세요.

3. 재활용 박스를 종이컵 윗부분에 맞게 원형으로 잘라 쓰레기통 뚜껑을 만든 후, 서보 모터와 종이컵 쓰레기통을 연결해 주세요(서보 모터가 최대 각도로 움직였을 때 종이컵이 열리도록 붙여야 합니다). 그리고 아날로그 광센서를 사람이 다가가 서 있을 부분(바닥)에 붙입니다.

하드웨어가 완성되었습니다. 이제 소프트웨어를 준비해 볼까요?

소프트웨어 따라 하기

1. 마이크로비트 블록 코딩 에디터를 실행하고, **변수** 꾸러미의 '변수 만들기'를 클릭하여 'A'라는 변수를 만듭니다. 그리고 **'A'에 '0' 저장** 블록을 가져와 **시작하면 실행** 블록 사이에 넣습니다.

2. 그리고 다시 한번 **'A'에 '0' 저장** 블록을 가져와 **무한반복 실행** 블록에 넣고, **고급** 탭의 **핀** 꾸러미에서 **'P0'의 아날로그 입력 값** 블록을 가져와 '0' 자리에 넣습니다. 핀 번호는 아날로그 광센서가 연결된 'P2'로 바꿉니다. 그리고는 **기본** 꾸러미의 **일시중지 '100' (ms)** 블록을 가져와 '100'을 '500'으로 바꿔줍니다.

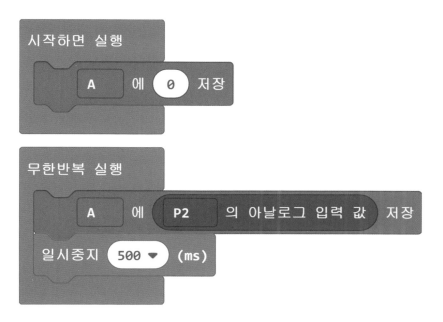

3. 이제 **논리** 꾸러미의 **만약(if) '참(true)'이면(then) 실행 / 아니면(else) 실행** 블록을 가져와 **2**의 **일시중지 '500'(ms)** 블록에 넣고, **논리** 꾸러미의 **'0' '<' '0'** 블록을 가져와 **참(true)** 자리에 넣어줍니다. 그리고 **계산** 꾸러미의 **'0' '빼기(-)' '0'** 블록을 가져와 **'0' '<' '0'** 블록의 첫 번째 '0'에 넣습니다. 그리고 '0'의 자리에는 순서대로 **핀** 꾸러미의 **'P0'의 아날로그 입력 값** 블록과 **변수** 꾸러미의 **A** 블록, 숫자 '50'을 넣어줍니다. **'P0'의 아날로그 입력 값** 블록에서 'P0'는 아날로그 광센서를 연결한 'P2'로 바꿉니다.

4. 핀 꾸러미에서 **'P0'에 서보 값 '180' 출력** 블록을 두 개 가져와 다음 그림과 같이 **만약(if) '참 (true)'이면(then) 실행 / 아니면(else) 실행** 블록에 넣습니다. 그리고는 'P0'를 'P6 (출력 전용)'으로 바꾸고, '180'은 각각 '90'과 '0'으로 바꿉니다. 그리고 **기본** 꾸러미의 **일시중지 '100' (ms)** 블록을 가져와 '100'을 '3000'으로 바꿉니다.

자, 이제 소프트웨어 코딩을 마쳤습니다. 이 코드를 마이크로비트에 업로드하여 테스트해 보세요.

전체 알고리즘 살펴보기

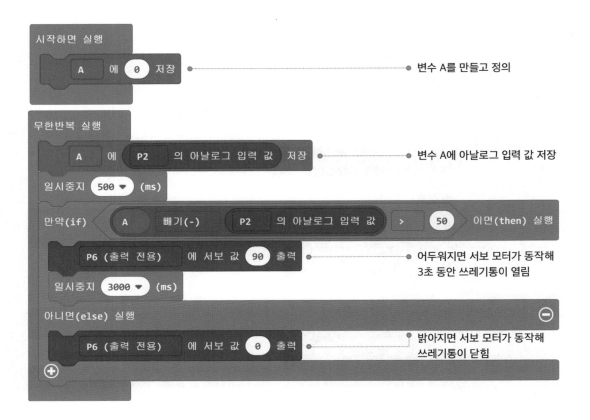

시작하면 실행

A 에 0 저장 ●··● 변수 A를 만들고 정의

무한반복 실행

A 에 P2 의 아날로그 입력 값 저장 ●·········● 변수 A에 아날로그 입력 값 저장

일시중지 500 ▼ (ms)

만약(if) A 빼기(-) P2 의 아날로그 입력 값 > 50 이면(then) 실행

P6 (출력 전용) 에 서보 값 90 출력 ●········● 어두워지면 서보 모터가 동작해
3초 동안 쓰레기통이 열림

일시중지 3000 ▼ (ms)

아니면(else) 실행 ⊖

P6 (출력 전용) 에 서보 값 0 출력 ●········● 밝아지면 서보 모터가 동작해
쓰레기통이 닫힘

⊕

이 블록 코드는 아날로그 광센서를 통해 서보 모터를 동작하여 쓰레기통이 열리고 닫히는 동작을 구현합니다. 여기서 변수 'A'는 약 0.5초마다 빛 센서 값을 저장하며, 현재 측정되고 있는 빛 센서 값과 비교하여 0.5초 전보다 어두워졌다면, 즉 사람이 쓰레기통에 다가가 빛을 가려 어두워졌다면 서보 모터 동작을 통해 쓰레기통을 열고, 0.5초 전보다 어둡지 않다면 쓰레기통을 닫힌 상태로 지속합니다.

프로젝트 정복하기

▶ 동영상 보기

http://m.site.naver.com/0tarH

주의사항

스마트 쓰레기통이 잘 동작하나요? 만약 잘 동작하지 않는다면 다음과 같은 사항을 확인해 보세요.

- USB 케이블이나 배터리 홀더를 제대로 연결했는지 확인해 보세요.
- 아날로그 광센서의 위치가 적절한지 확인해 보세요. 센서가 고정되지 않고 움직이거나 빛의 변화가 많은 곳에 있으면 제대로 동작하지 않을 수 있습니다.

상상력 키우기

이 프로젝트를 잘 이해했다면 다음 문제를 풀어보세요.

- 아날로그 광센서를 대신해서 PIR 모션 감지 센서를 이용해 사람을 감지해 보세요.
- 평소에는 열려있다가 사람이 오면 뚜껑이 닫히는 바보 쓰레기통을 만들어보세요.

이번 벌칙은 누가 걸릴지 마이크로비트만 알아!

✓ 학습 목표

PIR 모션 감지 센서를 사용하여 인원수를 카운트한 뒤 랜덤으로 벌칙자를 정해 보자.

✓ 핵심 키워드

마이크로비트, PIR 모션 감지 센서, OLED

✓ 준비물

마이크로비트

센서:엣지

PIR 모션 감지 센서

OLED

종이컵

✓ 학습 시간

하드웨어 설정하기: 5분
소프트웨어 코딩하기: 30분

하드웨어 따라 하기

먼저, 하드웨어의 조립 순서도를 알아볼까요?

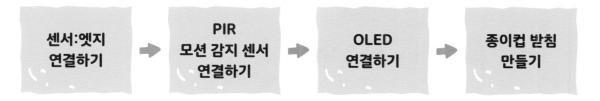

센서:엣지
연결하기 ➡ PIR
모션 감지 센서
연결하기 ➡ OLED
연결하기 ➡ 종이컵 받침
만들기

1. 센서:엣지와 마이크로비트를 연결해 주세요.

2. 센서:엣지의 1번 핀에 PIR 모션 감지 센서를 연결해 주세요.

3. 센서:엣지의 아랫부분에 OLED를 연결해 주세요.

4. 종이컵 밑바닥을 칼로 잘라내 PIR 모션 감지 센서를 끼워주세요.

하드웨어가 완성되었습니다. 간단하죠?

I. 마이크로비트 블록 코딩 에디터를 실행합니다. **변수** 꾸러미에서 '변수 만들기'를 사용하여 '감지
센서, 인원수, 벌칙당첨, 끝'이라는 변수를 만들어주세요.

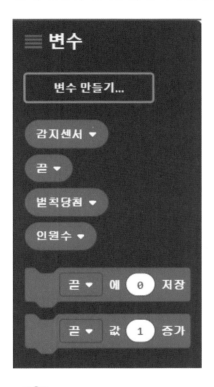

tip '감지센서' 변수는 PIR 센서가 작동했는지 확인하는 값을 저장하고, '인원수' 변수는 게임에 참여하는 인원수
의 값을, '벌칙당첨' 변수는 참여한 인원수 중 랜덤으로 하나의 값을, '끝' 변수는 게임의 동작을 멈추는 값을
저장합니다.

2. OLED 꾸러미에서 **initialize OLED with height '64' width '128'** 블록을 가져와 **시작하면 실행** 블록에 넣어주세요.

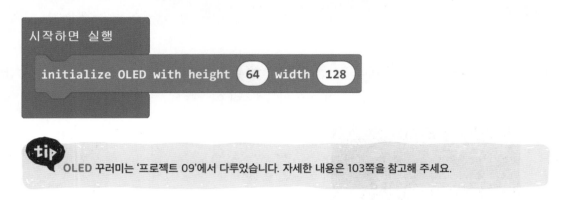

OLED 꾸러미는 '프로젝트 09'에서 다루었습니다. 자세한 내용은 103쪽을 참고해 주세요.

3. **변수** 꾸러미에서 **'끝'에 '0' 저장** 블록을 4개 가져와 다음과 같이 각 변수로 변경합니다.

4. **입력** 꾸러미에서 '**A' 누르면 실행** 블록을 두 개 가져와 각각 'A'와 'B'로 설정해 주세요.

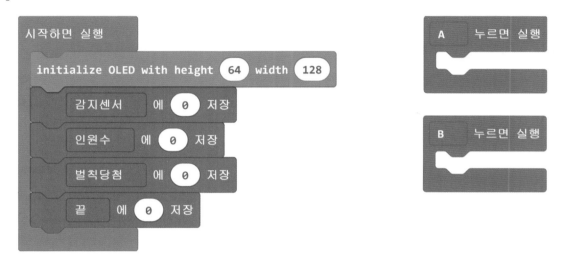

5. 그리고 다시 **변수** 꾸러미에서 '**끝'에 '0' 저장** 블록을 두 개 가져와 다음과 같이 넣고, '**B' 누르면 실행** 블록의 '0'을 '1'로 바꿔주세요.

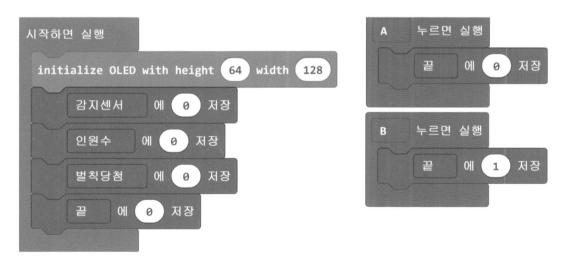

6. 그리고 **논리** 꾸러미에서 **만약(if) '참(true)'이면(then) 실행** 블록을 가져와 **무한반복 실행** 블록에 넣어줍니다.

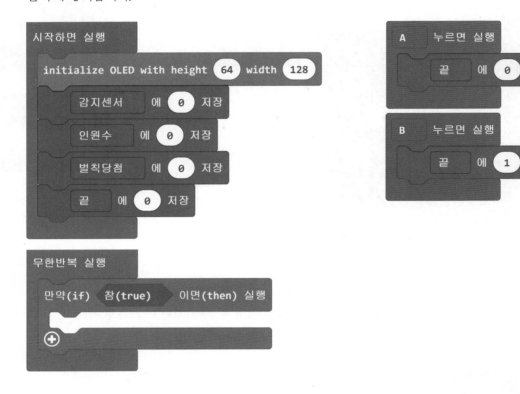

7. 그리고 **참(true)** 자리에는 **논리** 꾸러미에서 '**0**' '**=**' '**0**' 블록을 가져와 넣고, 첫 번째 '0'에 **끝** 변수 블록을 넣어주세요.

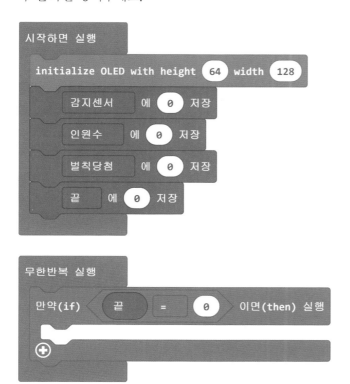

8. 그리고 다시 한번 **논리** 꾸러미에서 **만약(if) '참(true)'이면(then) 실행** 블록을 가져와 다음 그림과 같이 넣고, 다시 **논리** 꾸러미에서 ' ' '그리고(and)' ' ' 블록을 **참(true)** 부분에 넣어주세요.

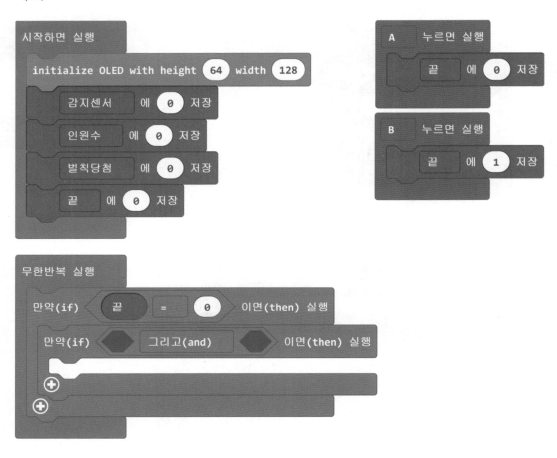

9. 이어서 **논리** 꾸러미에서 '**0**' '**=**' '**0**' 블록을 가져와 '''**그리고**''' 블록의 왼쪽에 넣어주세요. 그리고 **변수** 꾸러미에서 **감지센서** 블록을 '**0**' '**=**' '**0**' 블록의 왼쪽에 넣어주세요.

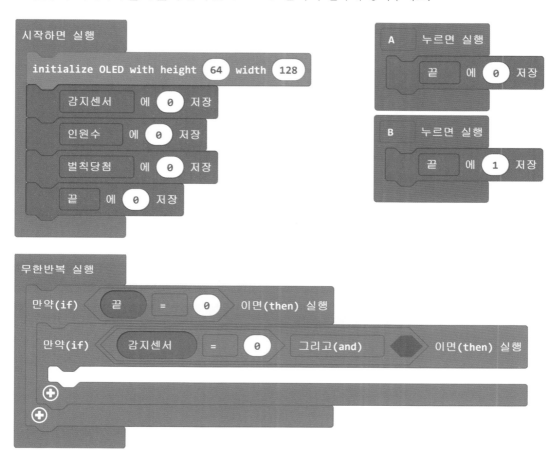

10. 계속해서, **논리** 꾸러미의 **'0' '=' '0'** 블록을 하나 더 가져와 ' ' **'그리고'** ' ' 블록의 오른쪽 빈칸에 넣습니다. 그리고 **핀** 꾸러미에서 **'P0'의 디지털 입력 값** 블록을 왼쪽 '0' 자리에 넣고, 'P0'를 'P1'으로 바꿉니다. 마지막으로, 그림과 같이 가장 오른쪽에 있는 '0'을 '1'로 바꿉니다.

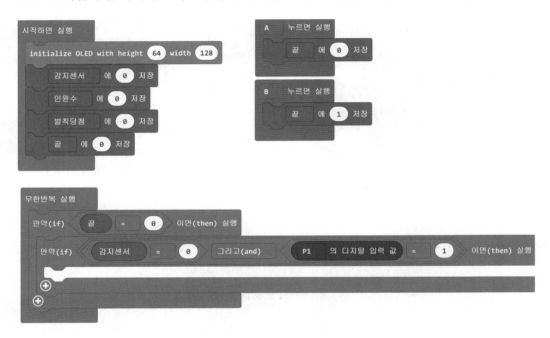

ㅣㅣ. 이어서 **변수** 꾸러미에서 **'감지센서'에 '0' 저장, '인원수' 값 '1' 증가'** 블록을 가져와 **'감지센서'에 '0' 저장** 블록의 '0'을 '1'로 바꿔주세요.

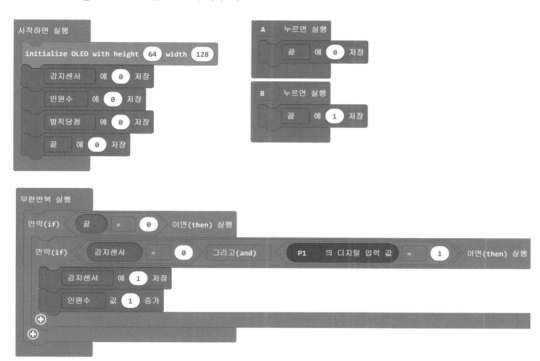

계속해서 **OLED** 꾸러미에서 **clear OLED display** 블록과 **show number '0'** 블록을 가져와 연결하고, '0' 자리에 **변수** 꾸러미의 **인원수** 변수로 바꿔주세요.

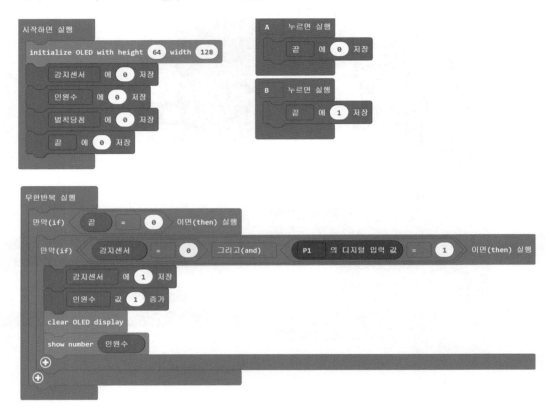

13. 12의 **무한반복 실행** 코드에서 두 번째 **만약(if) '참(true)'이면(then) 실행** 블록을 복사하여 다음과 같이 붙여넣고, '감지센서' 변수의 비교 값을 '1'로, 'P1의 디지털 입력 값' 비교값을 '0'으로 바꿔주세요. **'감지센서'에 '1' 저장** 블록의 '1'은 '0'으로 바꾸고, 나머지 블록은 지워주세요.

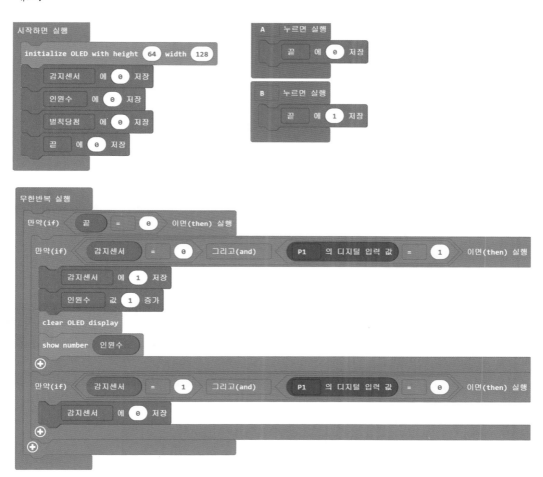

14. 계속해서 **만약(if) '참(true)'이면(then) 실행** 블록을 넣어주세요. **참(true)** 부분에는 **입력** 꾸러미에서 **'A' 눌림 상태** 블록을 찾아 넣은 뒤 'A'를 'B'로 바꿔주세요.

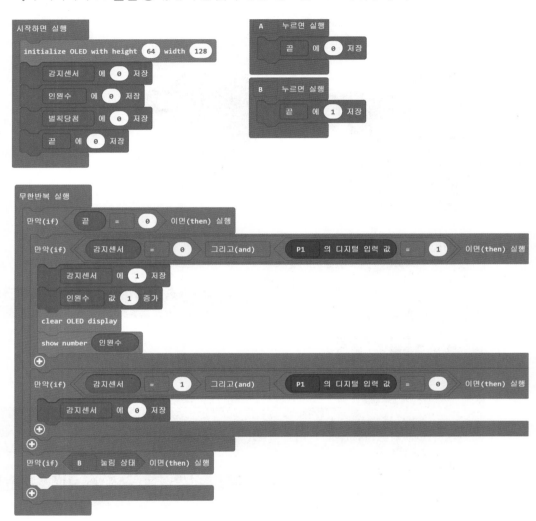

15. 그리고는 OLED 꾸러미에서 **clear OLED display** 블록을 가져와 넣어주세요.

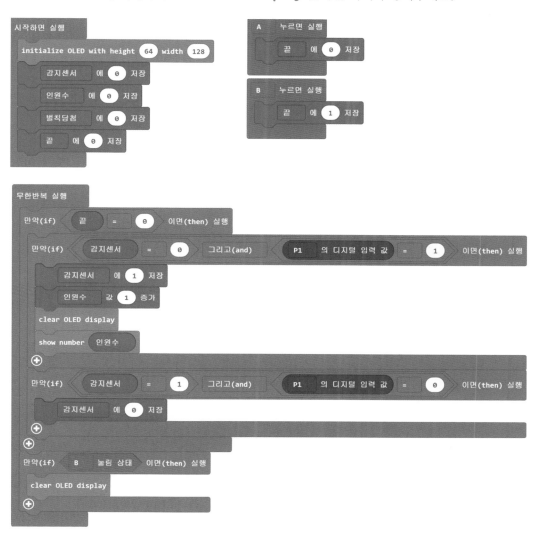

16. 그리고 **변수** 꾸러미에서 **'벌칙당첨'에 '0' 저장** 블록을 가져와 '0'에는 **계산** 꾸러미에 있는 **'0'부터 '10'까지의 정수 랜덤값** 블록을 넣고, '0'과 '10'을 각각 '1'과 **인원수** 블록으로 넣어주세요.

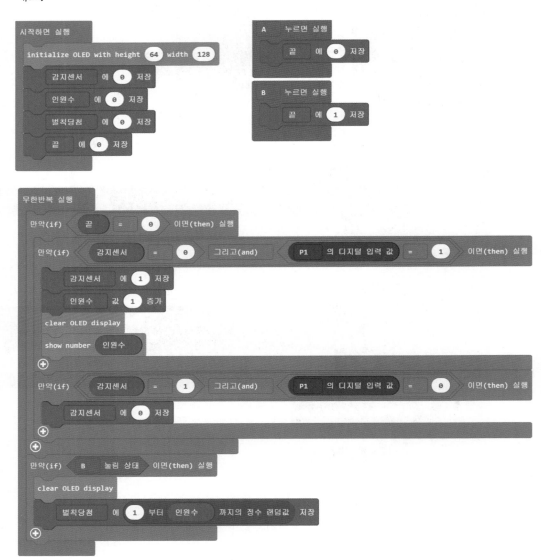

17. 기본 꾸러미에서 **수 출력 '0'** 블록과 **일시중지 '100'** (ms) 블록을 넣고, '0'을 **변수** 꾸러미의 **벌칙당첨** 변수로, '100'은 '3000'으로 바꿔주세요.

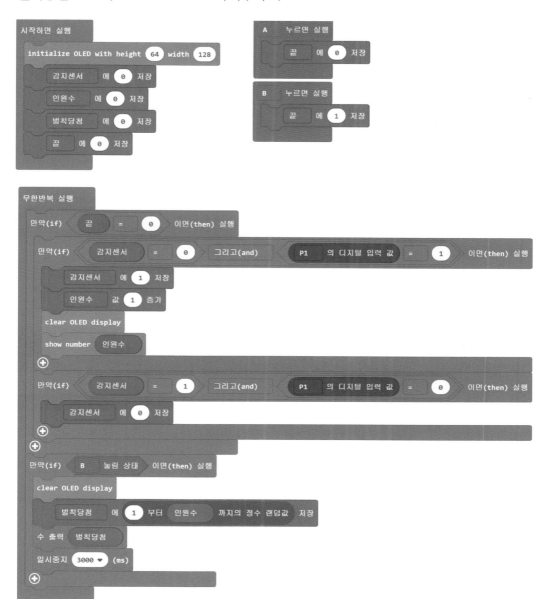

18. 마지막으로, **변수** 꾸러미에서 **'인원수'에 '0' 저장** 블록을 넣어주세요.

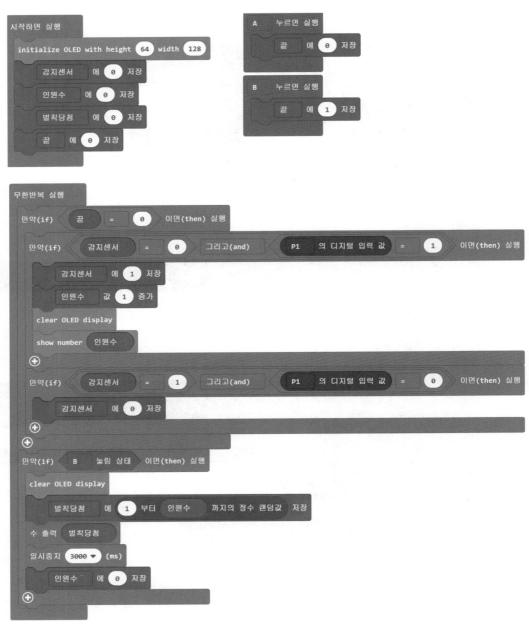

자, 이제 소프트웨어 코딩을 마쳤습니다. 이 코드를 마이크로비트에 업로드하여 테스트해 보세요.

A 누르면 실행

끝 에 0 저장

B 누르면 실행

끝 에 1 저장

마이크로비트의 어떤 버튼을 누르느냐에
따라 변수 '끝'에 저장되는 값 변경

시작하면 실행

initialize OLED with height 64 width 128

사용할 OLED의 크기 설정

감지센서 에 0 저장

인원수 에 0 저장

벌칙당첨 에 0 저장

끝 에 0 저장

사용할 변수의 초깃값 저장

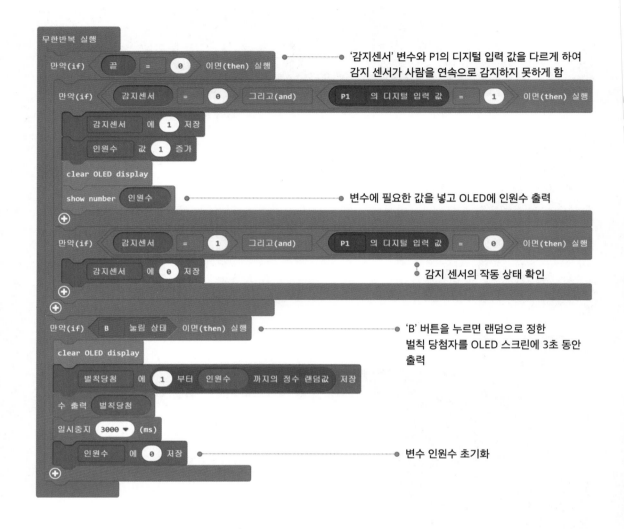

'감지센서' 변수와 P1의 디지털 입력 값을 다르게 하여
감지 센서가 사람을 연속으로 감지하지 못하게 함

변수에 필요한 값을 넣고 OLED에 인원수 출력

감지 센서의 작동 상태 확인

'B' 버튼을 누르면 랜덤으로 정한
벌칙 당첨자를 OLED 스크린에 3초 동안
출력

변수 인원수 초기화

이 블록 코드는 마이크로비트의 A 버튼과 B 버튼으로 나뉩니다. A 버튼으로 벌칙에 참여한 사람의 인원수를 세고, B 버튼으로 벌칙 당첨자를 뽑습니다. 이 코드에는 4개의 변수, 즉 끝, 감지센서, 인원수, 벌칙당첨 변수가 사용됩니다. '끝'은 A와 B 버튼을 통해 게임의 시작과 끝을 나타내고, '감지센서'는 모션 인식 센서가 사물을 감지하면 1, 사물을 감지하지 못하면 0을 출력합니다. 감지센서가 0과 1을 번갈아가며 출력하는 과정으로 사람을 감지해 감지된 인원수를 '인원수' 변수에 저장합니다. 마지막으로, 랜덤 블록을 사용하여 벌칙당첨 변수에 숫자를 저장하여 해당 숫자의 순번에 앉아있는 벌칙자를 뽑는 원리입니다.

▶ 동영상 보기

http://m.site.naver.com/0tarl

주의사항

PIR 모션 감지 센서가 잘 동작하나요? 만약 잘 동작하지 않는다면 다음과 같은 사항을 확인해 보세요.

• USB 케이블이나 배터리 홀더를 제대로 연결했는지 확인해 보세요.

• 코드 블록이 올바른 순서대로 조립되었는지 확인해 보세요. 특히, **만약(if) '참(true)'이면 (then) 실행** 블록의 조건(**참(true)**) 부분을 잘 입력했는지 확인해 보세요.

상상력 키우기

이 프로젝트를 잘 이해했다면 다음 문제를 풀어보세요.

• PIR 모션 감지 센서가 아닌 다른 센서를 사용하여 게임을 만들어보세요.

• **만약(if) '참(true)'이면(then) 실행** 블록의 조건을 바꾸어 다른 게임을 만들어보세요.

기타 연주하기

☑ 학습 목표

마이크로비트의 가속도계를 사용하여 X축 값의 변화에 따라 다른 음을 출력해 보자.

☑ 핵심 키워드

마이크로비트, 가속도계, 기타

☑ 준비물

마이크로비트

센서:엣지

배터리 홀더

건전지

우드락

양면테이프

☑ 학습 시간

하드웨어 설정하기: 5분
소프트웨어 코딩하기: 15분

먼저, 하드웨어의 조립 순서도를 알아볼까요?

기타
만들기 ➡ 센서:엣지
연결하기

I. 우드락에 기타 그림을 붙이고 기타 모양대로 잘라주세요. (기타 모양 그림은 https://blog.naver. com/icbanq/221404792067에서 다운로드할 수 있습니다.)

2. 마이크로비트와 센서:엣지, 배터리 홀더를 그림과 같이 연결해 주세요.

3. 기타의 몸체 중앙에 **2**에서 만든 마이크로비트를 그림과 같이 붙여주세요.

하드웨어가 완성되었습니다. 이제 소프트웨어를 준비해 볼까요?

소프트웨어 따라 하기

1. 마이크로비트 블록 코딩 에디터를 실행하고, 마이크로비트의 기울기에 따른 값을 저장하기 위하여 **변수** 꾸러미에서 '변수 만들기'를 사용하여 '기울기'라는 변수를 만들어주세요.

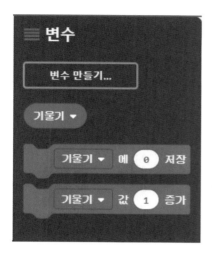

2. **변수** 꾸러미에서 **'기울기'에 '0' 저장** 블록을 가져와 **무한반복 실행** 블록에 넣어주세요.

3. **입력** 꾸러미에서 **가속도센서 'X축' 값(mg)** 블록을 가져와 **2**의 '**0**' 부분에 넣습니다. 이 블록을 사용하면 마이크로비트를 기울였을 때 값의 변화를 확인할 수 있습니다.

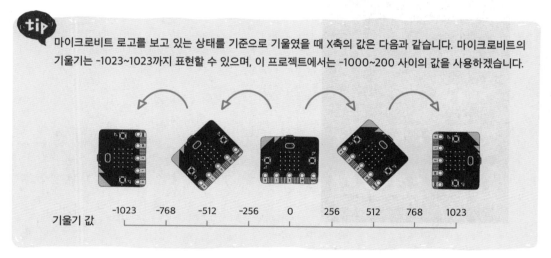

4. **논리** 꾸러미에서 **만약(if) '참(true)'이면(than) 실행** 블록과 ' ' **'그리고(and)'** ' ' 블록을 추가해 주세요.

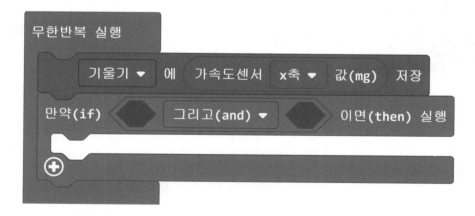

5. ' '**그리고(and)**' ' 블록의 앞과 뒤 빈칸에는 **논리** 꾸러미에서 '**0**' '**<**' '**0**' 블록을 가져와 넣어주세요.

6. 그리고 첫 번째 '**0**' '**<**' '**0**' 블록의 부등호 방향을 그림과 같이 바꾸고, '0' 자리에는 각각 '기울기' 변수와 숫자 '-200'으로 변경해 주세요. 두 번째 '**0**' '**<**' '**0**' 블록은 부등호 방향은 그대로 유지하고, '0' 자리에는 각각 '기울기' 변수와 숫자 '200'으로 변경해 주세요.

7. 계속해서, X축의 값이 -200~200 사이의 값일 때 계이름 '도'를 출력해 보겠습니다. **기본** 꾸러미에서 **문자열 출력 'Hello!'** 블록을 가져와 영어 계이름인 'C'로 변경하고, **음악** 꾸러미에서 **'도' (Hz) 출력** 블록을 가져와 연결해 주세요.

```
무한반복 실행
    기울기 ▼ 에 가속도센서 x축 ▼ 값(mg) 저장
    만약(if)  기울기 ▼  > ▼  -200  그리고(and) ▼  기울기 ▼  < ▼  200  이면(then) 실행
        문자열 출력 " C "
            도 (Hz) 출력
    ⊕
```

8. 다음 계이름인 '레'를 출력하기 위해 **7**과 같은 방법으로 코딩하겠습니다. x축의 기울기를 -600~ -200으로 변경하고, **기본** 꾸러미에서 **문자열 출력 'Hello!'** 블록을 가져와 영어 계이름 'D'로 변경하고 **음악** 꾸러미에서 **'도' (Hz) 출력** 블록을 가져와 '레'로 변경해 주세요.

```
무한반복 실행
    기울기 ▼ 에 가속도센서 x축 ▼ 값(mg) 저장
    만약(if)  기울기 ▼  > ▼  -200  그리고(and) ▼  기울기 ▼  < ▼  200  이면(then) 실행
        문자열 출력 " C "
            도 (Hz) 출력
    ⊕
    만약(if)  기울기 ▼  > ▼  -600  그리고(and) ▼  기울기 ▼  < ▼  -200  이면(then) 실행
        문자열 출력 " D "
            레 (Hz) 출력
    ⊕
```

9. 계이름 '미'도 **7~8**과 같은 방법으로 코딩해 주세요.

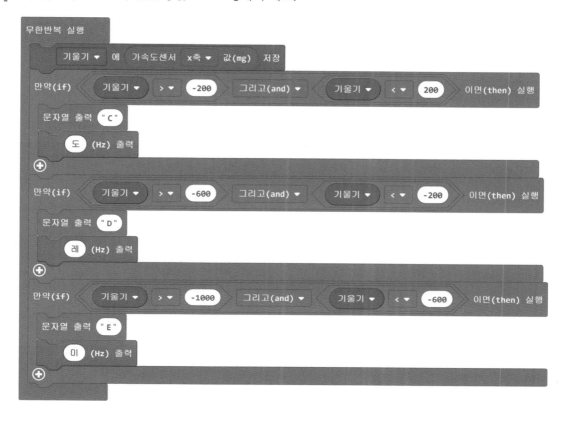

자, 이제 소프트웨어 코딩을 마쳤습니다. 이 코드를 마이크로비트에 업로드하여 테스트해 보세요.

전체 알고리즘 살펴보기

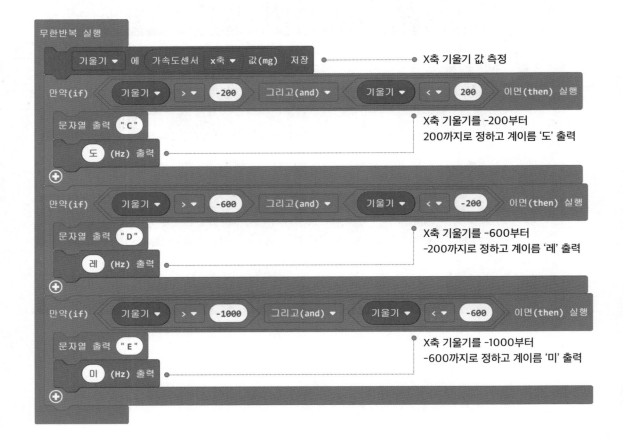

이 코드는 마이크로비트의 기울기를 왼쪽으로 기울일수록 기울기 값 –1000부터 200까지의 숫자를 삼등분한 범위에 맞게 설정된 계이름의 알파벳과 음을 출력합니다.

프로젝트 정복하기

프로젝트 #19

지니어스키트로 배우는 **마이크로 비트**

가속도계 이용해 **기타** 연주하기!

▶ 동영상 보기

http://m.site.naver.
com/0tarJ

주의사항

마이크로비트 기타가 잘 동작하나요? 만약 잘 동작하지 않는다면 다음과 같은 사항을 확인해 보세요.

- 전원이 제대로 연결되었는지 확인해 보세요. 올바르지 않은 전원을 사용하면 전원이 켜지지 않을 수 있어요.
- 코드 블록이 올바른 순서대로 조립되었는지 확인해 보세요. 특히, X축 기울기 값의 범위를 올바르게 설정했는지 확인해 보세요.

상상력 키우기

이 프로젝트를 잘 이해했다면 다음 문제를 풀어보세요.

- X축 기울기 범위를 더 나누어 다양한 음계를 출력해 보세요.
- 기울기가 아닌 ADKey를 사용하여 기타를 만들어보세요.

최종 프로젝트
- 핸드 드라이기 만들기

수준 ★★★★★

 학습 목표

다양한 센서를 사용하여 핸드 드라이기를 만들어보자.

 핵심 키워드

마이크로비트, 센서:엣지, DC 모터, PIR 모션 감지 센서

 준비물

마이크로비트

센서:엣지

PIR 모션 감지 센서

DC 모터

날개 팬

삼색 점퍼선 2개

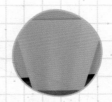

우드락

 학습 시간

하드웨어 설정하기: 20분
소프트웨어 코딩하기: 15분

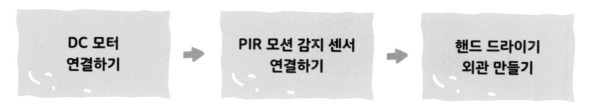

하드웨어 따라 하기

먼저, 하드웨어의 조립 순서도를 알아볼까요?

DC 모터 연결하기 ➡ **PIR 모션 감지 센서 연결하기** ➡ **핸드 드라이기 외관 만들기**

I. 먼저, DC 모터와 날개 팬을 연결합니다. 그리고 우드락을 잘라 모터 밑판에 여러 겹으로 붙여 날개 팬이 회전할 때 방해되지 않도록 합니다.

2. I에서 만든 모터를 좀 더 넓은 우드락에 고정하고(이 우드락이 핸드 드라이어의 외관이 될 거예요), PIR 모션 감지 센서를 모터 옆에 붙여주세요(이 센서가 손을 인식할 거예요).

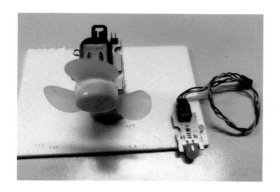

3. 마이크로비트와 센서:엣지를 연결하여 모터 뒤쪽에 붙입니다. 그리고 센서:엣지의 1번 핀에 DC 모터를 연결하고, 2번 핀에 PIR 모션 감지 센서를 연결합니다.

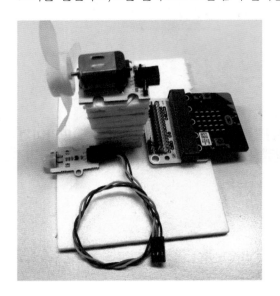

4. 4. DC 모터가 원활하게 작동되지 않거나 마이크로비트 V2를 사용할 경우 아래와 같이 5핀 USB 케이블을 센서:엣지 외부 전원에 연결해 주어야 DC 모터가 잘 돌아가게 됩니다. (마이크로비트 코드 업로드에 사용하던 USB 케이블을 센서:엣지 외부 전원에 그대로 사용해도 됩니다.)

5. 우드락을 이용해 벽면을 만들어 다음과 같이 핸드 드라이어의 외관을 완성합니다.

자, 하드웨어를 완성하였습니다. 이제 소프트웨어를 준비해 볼까요?

1. 마이크로비트 블록 코딩 에디터를 실행합니다. 우선, 핸드 드라이기의 동작을 제어하기 위해 **변수** 꾸러미의 '변수 만들기'를 통해 '동작' 변수를 만들어주세요. 그리고 **'동작'에 '0' 저장** 블록을 가져와 **시작하면 실행** 블록에 넣어주세요.

2. 그리고 **기본** 꾸러미의 **LED 출력** 블록을 가져와 그림과 같이 'O' 모양을 그려주세요. 핸드 드라이기의 전원이 들어왔다는 의미의 표시입니다.

3. 다음으로 핸드 드라이기를 동작하는 코딩을 해보겠습니다. **논리** 꾸러미의 **만약(if) '참(true)'이면(than) 실행 / 아니면(else) 실행** 블록을 가져와 **무한반복 실행** 블록에 넣어줍니다.

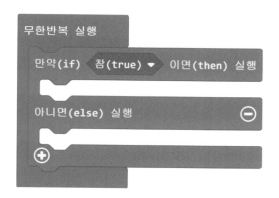

4. 계속해서 **논리** 꾸러미의 ' '**그리고(and)**' ' 블록과 **'0' '=' '0'** 블록을 이용해 P2(PIR 모션 감지 센서)의 디지털 입력 값이 1이고, 동작 변수의 값이 0이면 실행하도록 조건을 만들어주세요.

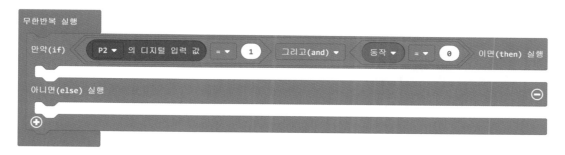

5. **고급-핀** 꾸러미의 **'P0'에 아날로그 값 '1023' 출력** 블록을 가져와 'P1'에 아날로그 값 '500'을 출력하도록 다음과 같이 코딩해 주세요.

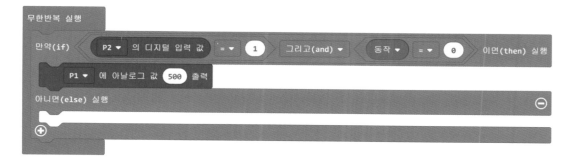

6. 계속해서, **고급-핀** 꾸러미의 **'P0'에 아날로그 값 '1023' 출력** 블록을 가져와 'P1'에 아날로그 값 '0'이 출력되도록 다음과 같이 코딩해 주세요.

무한반복 실행
> 만약(if) [P2 ▼] 의 디지털 입력 값 [= ▼] (1) 그리고(and) ▼ [동작 ▼] [= ▼] (0) 이면(then) 실행
>> [P1 ▼] 에 아날로그 값 (500) 출력
> 아니면(else) 실행 ⊖
>> [P1 ▼] 에 아날로그 값 (0) 출력
⊕

7. 이제, 핸드 드라이기의 정지 버튼을 만들겠습니다. 먼저, **입력** 꾸러미의 **'A' 누르면 실행** 블록을 가져오세요.

8. **변수** 꾸러미의 **'동작'에 '0' 저장** 블록을 꺼내 A 버튼이 눌리면 동작 변수에 '1'이 저장되도록 만들어주세요.

9. **기본** 꾸러미의 **LED 출력** 블록을 꺼내 'X' 모양이 출력되도록 만들어주세요. **2**에서 만든 것과 반대로 핸드 드라이기의 전원이 꺼졌다는 표시입니다.

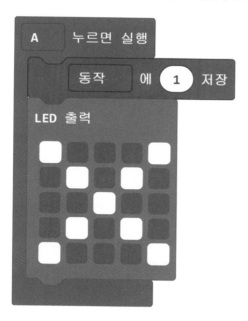

10. 정지 버튼을 누르면 경고음이 나오도록 해보겠습니다. **고급**-**함수** 꾸러미의 '함수 만들기'를 통해 **함수 'STOP'** 블록을 만들어주세요.

함수 편집

Ⅱ. **음악** 꾸러미의 **'도' '1박자' 출력** 블록과 **기본** 꾸러미의 **일시중지 '100'** (ms) 블록을 가져와
다음과 같이 연결합니다. 그리고 이를 4번 반복하도록 연결해 주세요.

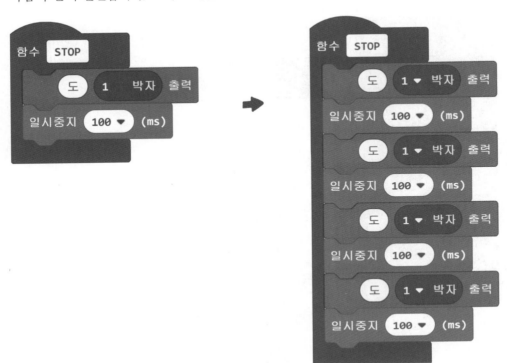

12. **고급-함수** 꾸러미의 **call STOP** 블록을 이용해 A 버튼이 눌리면 STOP 함수가 호출되도록 만들어주세요.

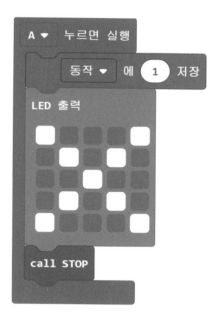

13. 정지한 핸드 드라이기를 다시 움직이게 해보겠습니다. 먼저, **입력** 꾸러미의 **'A' 누르면 실행** 블록을 꺼내 'A'를 'B'로 바꿉니다.

14. **변수** 꾸러미의 **'동작'에 '0' 저장** 블록을 꺼내 B 버튼이 눌리면 동작 변수에 0이 저장되도록 만들어주세요.

15. **기본** 꾸러미의 **LED 출력** 블록을 꺼내 O 모양이 출력되도록 만듭니다.

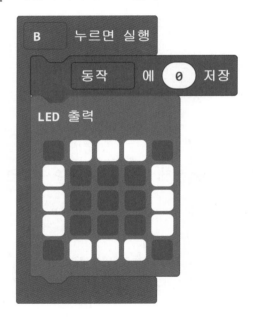

16. **음악** 꾸러미의 '**다다둠 멜로디**' '**한 번**' **출력** 블록을 꺼내 '전원 켜는 멜로디'를 '한 번' 출력하도록 해주세요.

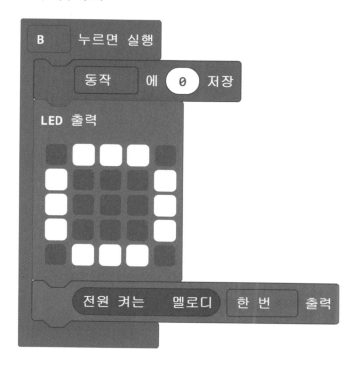

소프트웨어가 완성되었습니다. 이 코드를 마이크로비트에 업로드하여 테스트해 보세요.

전체 알고리즘 살펴보기

● 변수 초기화 및 LED 출력

● PIR 센서가 동작을 인식하고 '동작' 변수의 값이 0일 때 모터 작동

● PIR 센서가 동작을 인식하지 않거나 '동작' 변수의 값이 1일 때 모터 정지

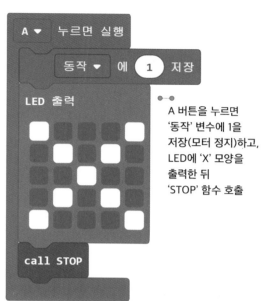

A 버튼을 누르면
'동작' 변수에 1을
저장(모터 정지)하고,
LED에 'X' 모양을
출력한 뒤
'STOP' 함수 호출

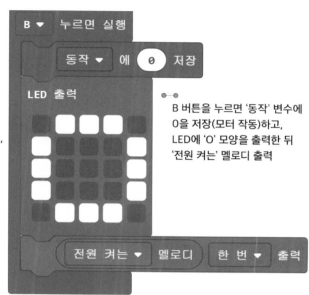

B 버튼을 누르면 '동작' 변수에
0을 저장(모터 작동)하고,
LED에 'O' 모양을 출력한 뒤
'전원 켜는' 멜로디 출력

정지 시 경고음 재생
('도'를 한 박자씩 4번 출력)

이 코드는 PIR 모션 감지 센서가 사람을 인식하면 핸드 드라이기가 동작하고, 사람을 인식하지 않으면 멈춥니다. 또한, A 버튼을 누르면 종료음과 함께 핸드 드라이기가 완전히 멈추고, B 버튼을 누르면 다시 PIR 모션 감지 센서와 핸드 드라이기가 동작합니다.

프로젝트 정복하기

▶ 동영상 보기

http://m.site.naver.com/0tarK

주의사항

핸드 드라이기가 잘 동작하나요? 만약 잘 동작하지 않는다면 다음과 같은 사항을 확인해 보세요.

- 전원이 연결되었는지 확인해 보세요. 여기서는 배터리 홀더를 연결하지 않았으므로 USB 케이블을 사용하지 않으려면 배터리 홀더를 연결해야 합니다.
- 센서가 잘 연결되었는지 확인해 보세요. 센서가 손을 인지할 수 있는 위치에 있어야 움직임을 감지할 수 있어요.

상상력 키우기

이 프로젝트를 잘 이해했다면 다음 문제를 풀어보세요.

- 버튼을 이용해 바람의 세기를 조정해 보세요.
- 원하는 멜로디를 만들어 경고음으로 사용해 보세요.

진솔한 서평을 올려주세요!

이 책 또는 이미 읽은 제이펍의 책이 있다면, 장단점을 잘 보여주는 솔직한 서평을 올려주세요.
매월 최대 5건의 우수 서평을 선별하여 원하는 제이펍 도서를 1권씩 드립니다!

- **서평 이벤트 참여 방법**
  - ❶ 제이펍 책을 읽고 자신의 블로그나 SNS, 각 인터넷 서점 리뷰란에 서평을 올린다.
  - ❷ 서평이 작성된 URL과 함께 review@jpub.kr로 메일을 보내 응모한다.

- **서평 당선자 발표**
  - 매월 첫째 주 제이펍 홈페이지(www.jpub.kr)에 공지하고, 해당 당선자에게는 메일로 연락을 드립니다.
  - 단, 서평단에 선정되어 작성한 서평은 응모 대상에서 제외합니다.

독자 여러분의 응원과 채찍질을 받아 더 나은 책을 만들 수 있도록 도와주시기 바랍니다.

찾아보기